Agility

Wissen, was dem Hund gut tut:
Voraussetzungen und Training,
Hindernisse und Wettbewerb

Inhalt

Vorwort

Sich zusammen mit Ihrem Hund zu bewegen ist nicht nur schön, sondern es verstärkt auch das Band zwischen Mensch und Tier. Obendrein ist Sport treiben für beide noch gesund. Agility, es kommt aus dem Englischen und bedeutet so viel wie Geschicklichkeit, ist für alle Hunderassen geeignet. Es ist ein Sport, der sich ausgezeichnet an die Natur der Hunde anpasst. Es wird Ihrem Hund sehr viel Spaß machen und das ist doch etwas schönes um nach zu streben. Das für einen solchen Sport Übung notwenig ist, ist wohl deutlich. Darum wird in diesem Buch ausführlich über das Training und die Hindernisse geschrieben. Dazu werden noch Tipps und Beschreibungen der Hindernisse gegeben. Auch, wie Sie selber welche bauen können. Das aller wichtigste bei einem Sport sind die Regeln. Diese werden hier auch ausführlich dargestellt. Genau wie bei echtem (menschlichem) Sport darf man nicht vergessen, dass auch medizinische Aspekte eine wichtige Rolle spielen. Daran wird auch hier gedacht. Zusammen mit Flyball ist Agility der schnellst wachsende Hundesport.

Original-Titel: De Behendigheid
© 2002 Welzo Media Productions bv
www.aboutpets.info

Fotos:
Rob Dekker, Rob Doolaard, Nancy Rook,
Agilityzeitschrift Foutloos, Ben Willemse und WMP

Zeichnungen: Ton Meijer und Reinier Notenboom
Tierärztliche Beratung: R. Mouwen

Die Deutsche Bibliothek – CIP-Einheitsaufnahme
Ein Titelsatz für diese Publikation ist bei der
Deutschen Bibliothek erhältlich

Für die deutschsprachige Ausgabe:
© 2002, Franckh-Kosmos
Verlags-GmbH & Co., Stuttgart
Alle Rechte vorbehalten
ISBN 3-440-09442-1
Redaktion, Gestaltung und Herstellung:
Welzo Media Productions
Printed in Italy / Imprimé en Italie
Druck und Binden: Stige, San Mauro

Informationen senden wir Ihnen gerne zu

Bücher · Kalender · Spiele
Experimentierkästen · CDs · Videos
Natur · Garten & Zimmerpflanzen ·
Heimtiere · Pferde & Reiten ·
Astronomie · Angeln & Jagd ·
Eisenbahn & Nutzfahrzeuge ·
Kinder & Jugend

KOSMOS

Postfach 10 60 11
D-70049 Stuttgart
TELEFON +49 (0)711-2191-0
FAX +49 (0)711-2191-422
WEB www.kosmos.de
E-MAIL info@kosmos.de

Allgemeines

"Agility" oder Geschicklichkeit ist ein Hundesport, bei dem der Hund möglichst schnell und geschickt einen Hindernisparcours durchläuft.

Der Geschicklichkeitssport ist für viele Hunde und ihre Besitzer eine hervorragende Freizeitbeschäftigung. In einem Parcours mit seinen verschiedenen Hindernissen sind nämlich sowohl die Schnelligkeit als auch die athletischen Leistungen Ihres Hundes gefragt. Doch mindestens genauso wichtig sind Mut und Durchsetzungsvermögen. Auch die angeborene Lernbegierde des Hundes wird durch diesen Sport angeregt. Da dieser Sport auf die Bedürfnisse des Hundes eingeht, wird Agility dem Hund sehr große Freude machen. Auch für die Zuschauer ist Agility ein sehr interessanter Sport. Es ist einen wahrer Genuss, die Sprünge und Kunststückchen zu beobachten, die die Hunde scheinbar mühelos beherrschen. Bei Agility steht die Freude des

Hundes an erster Stelle, doch auch in anderer Hinsicht bietet der Agilitysport zahlreiche Vorteile. So entsteht beim Agilitytraining ein immer engeres Band zwischen dem Hund und seinem Besitzer. Beide lernen nicht nur voneinander, sondern sie lernen auch, sich gegenseitig besser zu verstehen. Deshalb hat dieser Sport einen positiven Einfluss auf die Erziehung Ihres Hundes. Beim Agility kann der Hund seine Energie rauslassen und er bekommt die nötige Bewegung. Es ist also eine hervorragende Art und Weise, Ihren Hund optimal in Form zu halten. Und auch der Hundeführer wird übrigens über die erforderliche Schnelligkeit und Kondition verfügen müssen, um seinen Hund zu begleiten und zu lenken. Der Agilitysport ist ein echter

Teamsport und gute Ergebnisse sind nur bei einem guten Verhältnis zwischen Hund und Hundeführer möglich.

Geschichte

Agility, zu deutsch Behendigkeit, Gewandtheit, ist eine aus England stammende Hundesportart. Im Jahre 1977 wurden diese Übungen zum ersten Mal während der "Crufts Dog Show", der größten Hundeshow Europas, vorgeführt. Damals zeigten englische Dienst- und Polizeihunde ihr Können auf einem dem Pferdesport nachempfundenen Hindernisparcours. Diese Vorführung war ein großer Erfolg und bereits im Jahre 1978 haben sich in England zum ersten Mal zwei Teams in einem echten Agilitywettkampf gemessen. Doch auch außerhalb von England wurde dieser Freizeitsport von Hundeliebhabern mit großer

Begeisterung begrüßt. 1988 wurde Agility erstmals im deutschsprachigen Raum als neue Hundesportart vorgestellt. Seitdem hat diese Sportart sich zu einem vollwertigen Sport mit Wettkämpfen entwickelt, an denen zahlreiche Hunde in verschiedenen Klassen teilnehmen. Mittlerweile sind für diesen Sport verbindliche Regeln aufgestellt worden.

Der Agilityparcours

Bei Agility muss der Hund einen Parcours von etwa zwanzig Hindernissen in vorgeschriebener Reihenfolge fehlerfrei und so schnell wie möglich bewältigen. Der Hundeführer darf dem Hund während des Laufens des Parcours mit der Stimme und mit Gestik Anweisungen geben. Er darf jedoch weder den Hund, noch das Hindernis berühren. Der Hund muss also lernen, auf akustische

Anweisungen und auf Gestik schnell und korrekt zu reagieren. Bei Agility verwendet man eine große Anzahl verschiedener Hindernisse, bei denen die verschiedenen Fähigkeiten des Hundes gefragt sind. Die Geräte lassen sich in (Hoch)Sprünge, Durchgänge, Stangen und Kontaktzonenhindernisse unterteilen. Bei Wettkämpfen werden alle diese Geräte in unterschiedlicher Reihenfolge verwendet. Ein guter Agilityhund muss also alle diese Geräte beherrschen.

Für wen ist Agility geeignet?

Der Agilitysport ist im Grunde für so ziemlich alle Hunde geeignet, sowohl für reinrassige als auch für nicht reinrassige Hunde. Für sehr schwere Hunderassen, wie den Bernhardiner und den Wolfshund oder sehr schwere doggenartige Hunde, ist dieser Sport jedoch eher ungeeignet. Um zu bestimmen, ob ein Hund für Agility geeignet ist, sind nicht nur der Körperbau, die Kraft und die Wendigkeit des Hundes wichtige Aspekte, sondern auch eine Reihe anderer Eigenschaften. Zu diesen Eigenschaften zählen zum Beispiel Gehorsam, Mut, ein gutes Gleichgewichtsgefühl, Intelligenz und Genauigkeit. Doch ob der Hund nun gewinnt oder nicht, am wichtigsten ist doch, dass ihm das Laufen des Agilityparcours Spaß macht. Für das Agilitytraining muss der Hund vollständig ausgewachsen sein. Kleine Hunde soll-

ten also mindestens zwölf Monate alt sein und etwas größere Hunde sollten schon um die fünfzehn Monate alt sein. Sprünge dürfen auf jeden Fall erst trainiert werden, wenn die Hunde bereits etwas älter sind, da der Knochenbau und die Muskeln des Hundes dann erst ausreichend ausgebildet sind.

Agility ist ein Sport für große und kleine Hunde. Bei Wettkämpfen werden die Hunde in zwei verschiedene Kategorien eingeteilt. Die Höhe der Geräte wird an die Größe des Hundes angepasst.

Hunde mit einer Widerristhöhe von weniger als 40 cm fallen in die Kategorie "kleine Hunde".

Sport und Spiel

Viele Kynologenverbände bieten Agilitykurse an. Voraussetzung für eine Teilnahme an Wettkämpfen ist eine bestandene Begleithundeprüfung. Die Zulassungsbedingungen sind jedoch von Verein zu Verein unterschiedlich. Nachdem Sie an diesem Kurs teilgenommen haben, kann Ihr Hund bei Wettkämpfen antreten, oder Sie können Agility einfach nur als Freizeitsport betreiben. Für den Hund soll der spielerische Aspekt auf jeden Fall stets im Vordergrund stehen. Wenn es dem Hund Spaß macht, wird er automatisch sein Bestes geben. Ob Sie nun gewinnen oder verlieren, ist für den Hund nicht wichtig. Für ihn zählt nur, dass sein Herrchen zufrieden ist. Daher sollten Sie den Agilitysport in erster Linie als eine Möglichkeit betrachten, sich auf eine schöne Art und Weise mit Ihrem Hund zu beschäftigen.

Die Geräte

**Die Geräte, die bei Agility-
wettkämpfen verwendet
werden, sind durch Regeln
festgelegt. Die Geräte
dürfen für die Hunde auf
keinen Fall eine Gefahr
darstellen. Eine wichtige
Voraussetzung ist daher,
dass an den Geräten keine
hervorstehenden Teile
vorhanden sind.**

Bei Geräten mit zusammengesetz-
ten Elementen darf zwischen diesen Elementen kein Freiraum
vorhanden sein.

Bei der Beschreibung der einzelnen Geräte wird jeweils ein Symbol angegeben, das bei Parcours-
zeichnungen verwendet wird.

Stangen mit einem Durchmesser
von 2 bis 4 cm und einer Länge
von 120 bis 150 cm sein.
Die Elemente müssen auf eine
Höhe von 20, 40 und 65 cm
gelegt werden können.

Stangenhürde
Symbol:

Stangenhürde
Beim Start/Finish:
Die Ständer, zwischen denen die
beweglichen Elemente liegen, sind
120/130 cm hoch. An den
Ständern sind Flügel befestigt.

Das am häufigsten verwendete
Modell, das aus einem Ständer
und einem Flügel besteht, darf
nicht breiter sein als 60 cm.
Die beweglichen Elemente dürfen
runde, sechs- oder achteckige

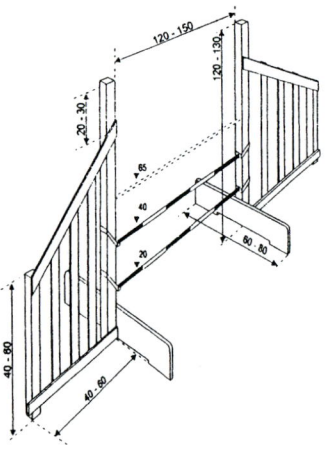

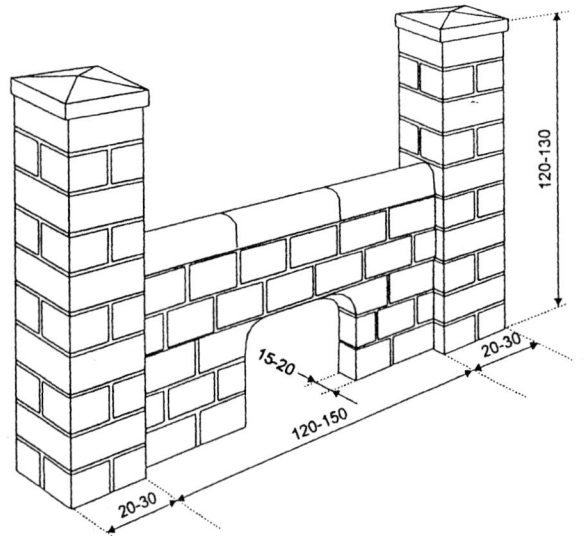

Mauer
Symbol:

Mauer
Dieser Hochsprung besteht aus zwei runden oder viereckigen Türmen, die 120 bis 130 cm hoch sind und einen Durchmesser von 15 bis 30 cm haben. Zwischen diesen Türmen wird senkrecht eine 120 bis 150 cm lange Platte angebracht. Auf diese Platte wird ein waagerechtes, 120 bis 150 langes und 10 bis 20 cm breites Brett gelegt. Auf dieses Brett werden halbrunde, abwerfbare Elemente gelegt, die mit Hilfe von Blöcken in den Höhen 20, 40 und 65 cm verstellt werden können.

Bürstenhürde
Für die Bürste können Sie einen normalen Hochsprung verwenden zwischen den Bürsten gehängt werden. Die Höhe der Oberseite der Bürste kann dann auf 20, 40 und 65 cm verstellt werden.

Bürstenhürde
Symbol:

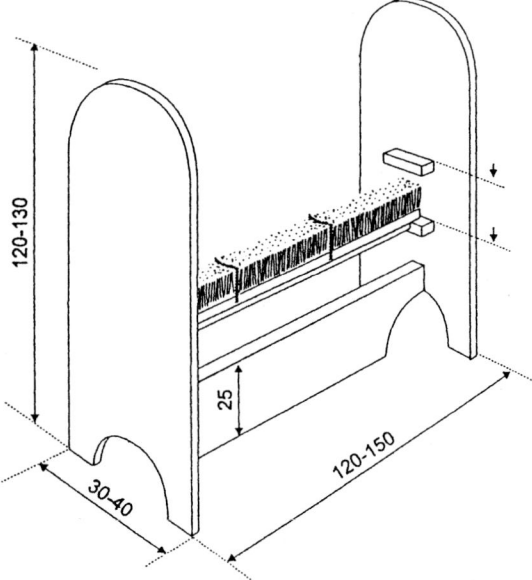

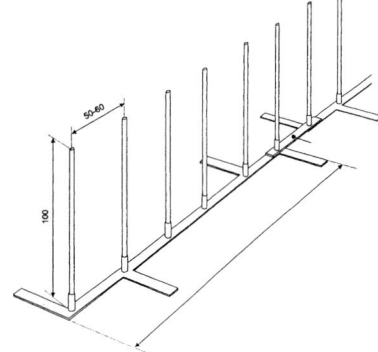

Symbol:
Slalom
(stangen)

Die Bürsten werden auf einem Brett befestigt, das zwischen die Stangenstützen passt. Die Bürsten müssen abgeworfen werden können.

Reifen
Zwischen dem 160 bis 180 cm hohen und 140 bis 150 cm breiten Gestell wird ein Reifen mit Haken und Ketten an das Gestell gehängt. Zum Nachspannen des Reifens können Sie die entsprechenden Vorrichtungen am Gestell bzw. am Reifen verwenden.

Symbol:
Reifen

Slalom (Stangen)
Der Slalom besteht aus acht, zehn oder zwölf Stangen, die in Zylindern angebracht sind, die auf einen Metallstreifen geschweißt wurden. Der Abstand zwischen den Stangen beträgt 50 bis 60 cm. Am häufigsten verwendet man einen Abstand von 50 cm. Die Stangen haben einen Durchmesser von 2 bis 4 cm und sind 100 cm lang.

Weitsprung
Dieses Gerät besteht aus drei schräg nach oben laufenden 15 bis 25 cm hohen Teilen. Das erste und längste Teil ist 120 cm lang und 12 bis 15 cm breit. Die anderen Teile sind so viel größer, dass sie

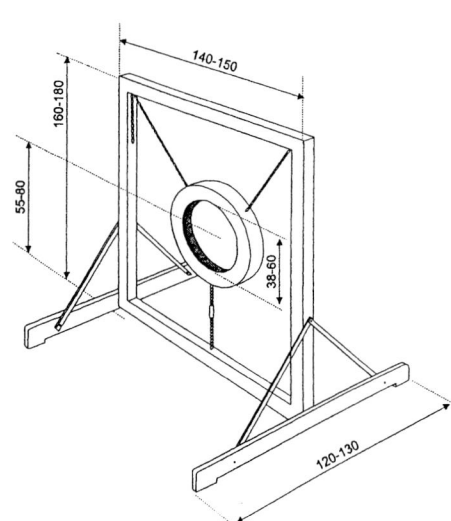

Symbol:
Weitsprung

Am Gestell werden Füße befestigt, damit die Konstruktion stabil stehen bleibt. Der Durchmesser des Reifens beträgt etwa 38 bis 60 cm. Am häufigsten verwendet man einen Reifen mit einem Durchmesser von 45 cm.

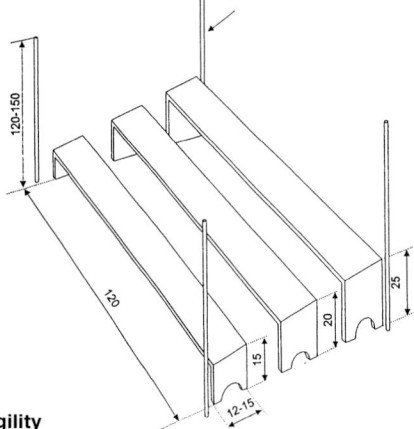

Agility
12

gut auf- und übereinander passen. Bei diesem Gerät müssen an den Ecken Markierungsstangen mit einer Länge von 120 bis 150 cm angebracht werden.

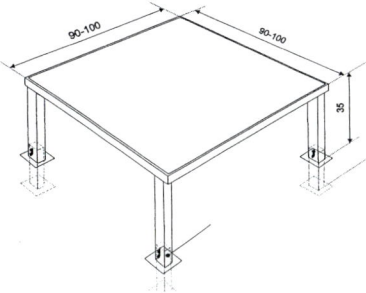

Tisch

Die Tischplatte misst mindestens 90 x 90 cm und höchstens 100 x 100 cm. Die Höhe muss auf 35 und 60 cm verstellbar sein. Die obere Platte darf nicht glatt sein, damit der Hund nicht ausrutschen kann.

Tunnel

Dieses Gerät ähnelt dem Schlauch eines Staubsaugers. Es hat jedoch einen Durchmesser von 60 cm und ist mindestens 4 m lang. Welche Form beim Tunnel zu verwenden ist, wird bei jedem Wettkampf vom Schiedsrichter festgelegt.

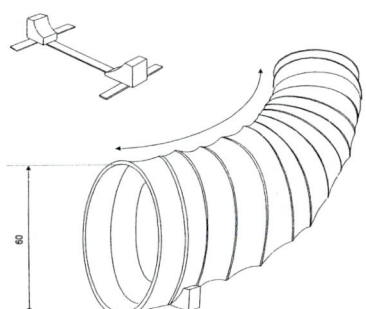

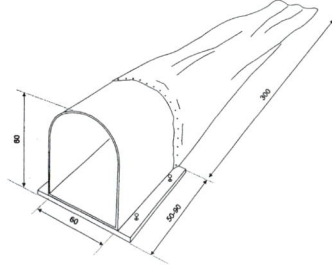

Stofftunnel

Dieses Gerät hat eine feste Öffnung mit einer Länge von etwa 50 bis 90 cm. Die Öffnung darf wie beim Plastiktunnel rund sein, kann jedoch auch bogenförmig sein. Bei einer Bogenform müssen das Bodenmaß und die Höhe 60 cm betragen. An der Öffnung wird ein schlaffer, 3 m langer Schlauch befestigt.

Wippe

Die Wippe besteht aus einer Platte mit einer Länge von mindestens 360 cm bis höchstens 420 cm und einer Breite von 30 cm. Die Wippe sollte so eingestellt sein, dass sie kippt, sobald ein Gewicht von 250 Gramm auf das Endstück gelegt wird. Auf der Wippe werden an beiden Seiten Kontaktzonen in verschiedenen Farben angebracht.

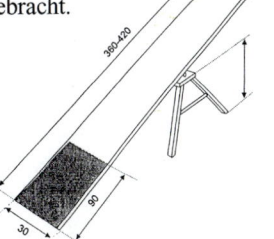

Symbol:
Stofftunnel

Symbol:
Tisch

Symbol:
Wippe

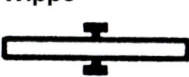

Symbol:
Tunnel

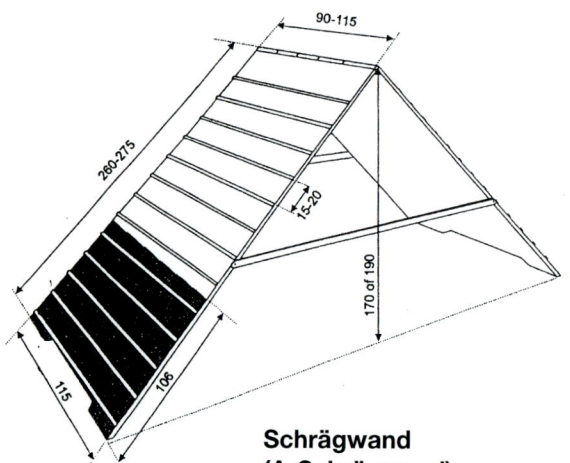

auf 170 und auf 190 cm eingestellt werden können.

Auf beiden Teilen werden Kontaktzonen in verschiedenen Farben angebracht.

Laufsteg
Der Laufsteg setzt sich aus drei Teilen zusammen, die mindestens 360 cm bis höchstens 420 cm lang

Symbol:
**Schrägwand
(A-Schrägwand)**

Schrägwand
(A-Schrägwand)
Die Schrägwand setzt sich aus zwei Teilen zusammen, die jeweils eine Länge von 260 bis 275 cm und eine Breite von 90 bis 115 cm haben. Wenn Sie den beiden Teilen eine Trapezform geben möchten, muss die obere Kante 90 cm und der Fuß 115 cm breit sein. Die Höhe der Schrägwand muss

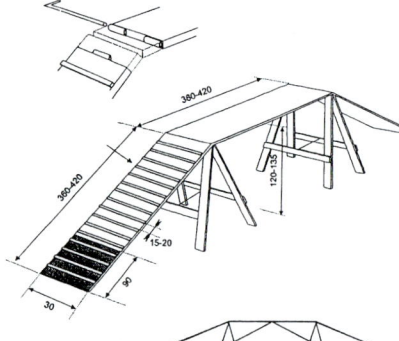

und 30 cm breit sind. Der horizontale Teil wird auf Stützböcke gelegt, an die die anderen Teile drangehängt werden.

Die Höhe des horizontalen Teils hängt von der Länge ab. Die Höhe beträgt immer ein Drittel der jeweiligen Länge. Auf den beiden Schrägteilen werden Kontaktzonen in verschiedenen Farben angebracht.

Kontaktzonenhindernisse

Bei allen Kontaktzonenhindernissen (der Schrägwand, dem Laufsteg und der Wippe) muss die Laufoberfläche auch bei starkem Regenfall rutschfest sein. Bei der Schrägwand und dem Laufsteg müssen dafür alle 15 bis 20 cm Leisten und rutschfeste Streifen (Querleisten) auf der Laufläche befestigt werden. Bei der Wippe ist dies nicht der Fall.

An beiden Seiten der Trennlinie der Kontaktzonen werden in gleichem Abstand die ersten Querlatten angebracht. Der Abstand zwischen diesen Latten hängt vom jeweiligen Maß ab. Es ist darauf zu achten, dass sich die Trennlinie der Kontaktzone genau in der Mitte befindet. Danach können dann die restlichen rutschefesten Streifen auf der Laufläche verteilt werden. Auf der Trennlinie der Kontaktzone darf keine Querleiste angebracht werden (siehe Skizzen der Schrägwand und des Laufstegs). Für kleine Hunde

beträgt der optimale Abstand zwischen den Leisten 15 cm. Um die Laufflächen der Kontaktzonenhindernisse anzurauhen, kann man nach dem Grundieren Sand oder Sägespäne verwenden. Nachdem die Fläche getrocknet ist, kann man dann die gewünschte Farbe auftragen. Bei einer Laufläche in Holzfarbe können Sie auch flache Latten (ungefähr sechs Stück) zwischen die Querleisten leimen. Danach können Sie die Laufläche mit der Grundierungsfarbe bedecken, Sand oder Sägespäne verwenden, trocknen lassen und danach nachlackieren.

Aus medizinischen Gründen gibt es beim Anbringen der Querleisten einige Anmerkungen, die im Kapitel "Agility und Gesundheit" näher erläutert werden.

Laufsteg

Symbol:
Laufsteg

Das Training

Während des Agilitytrainings lernt der Hund die Geräte kennen. Er gewöhnt sich auch daran, einen Agility-parcours zu laufen. Auch der Hundeführer wird dabei trainiert.

Er muss lernen, dem Hund im richtigen Augenblick klare und eindeutige Anweisungen zu geben. Das Training richtet sich auf die Verbesserung der Fähigkeiten des Hundes und seines Hundeführers sowie auf die Verbesserung ihrer Zusammenarbeit. Beim Training sollten Sie versuchen, sich in Ihren Hund hineinzuversetzen: Wovor könnte er Angst haben, wie könnte man speziell diesen Hund am besten anspornen? All diese Dinge sind von Hund zu Hund unterschiedlich und Sie müssen sich entscheiden, indem Sie ganz genau auf Ihren Hund achten. Auch die eigene Körpersprache ist sehr wichtig. Versuchen Sie möglichst gerade zu stehen und zu laufen. Geben Sie auch durch Ihre Körperhaltung dem Hund die richtigen Signale. Grundvoraussetzung beim Bewältigen des Agility-

parcours sind die Begeisterung und der Einsatz des Hundes. Dies lässt sich nicht erzwingen, sondern nur fördern. Ein gutes Training ohne Druck wird auf Dauer das beste Resultat liefern.

Anfänger, Fortgeschrittene, Wettkampfläufer

Die meisten Vereine bieten Agility-training auf drei Niveaus an: Anfänger, Fortgeschrittene und Wettkampfläufer. Bei manchen Vereinen gibt es außerdem noch eine Trainingsgruppe für Freizeitsportler: Dies sind Teams aus Hunden, die zwar ein Wettkampf-niveau besitzen, jedoch nur selten oder nie an Wettkämpfen teilnehmen. Die Anfängerkurse dienen vor allem dazu, dem Hund das Absolvieren der Geräte beizubringen. Wenn dies dem Hund von Anfang

an gut beigebracht wird, lassen sich später viele Probleme vermeiden. Um dem Hund das Absolvieren der Geräte beizubringen, gibt es verschiedene Möglichkeiten. Eigentlich eignet sich jede Methode, die auf eine positive Stimulans ausgerichtet ist. Von Methoden, bei denen der Hund (zu) sehr unter Druck gesetzt wird, wird abgeraten.

Häufig wird mit dem Training begonnen, wenn der Hund noch jung ist. Hierbei ist jedoch zu bedenken, dass viele junge Hunde mental noch etwas unausgeglichen sind. Auch ihre Koordinationsfähigkeit ist noch nicht ganz ausgebildet. Manchmal ist auch der Hundeführer noch unerfahren und dadurch oft etwas ungeschickt. Gehen Sie es als Anfänger also besonders langsam an, versuchen Sie nichts zu erzwingen. Geben Sie Ihrem Hund die Möglichkeit, seine Angst vor dem Unbekannten zu überwinden. Lassen Sie ihn in seinem eigenen Tempo arbeiten. Stehen Sie ihm nicht im Weg und lenken Sie ihn auf keinen Fall ab, vor allem nicht, wenn er gerade an einem schwierigen Gerät übt. Strahlen Sie Begeisterung aus und regen Sie sich nicht auf, wenn es nicht ganz so gut klappt.

Im Fortgeschrittenenkurs wird der Schwerpunkt vom Hund auf den Hundeführer verlagert. Es wird zwar weiterhin an der Beherrschung der Geräte gefeilt, doch die Aufmerksamkeit richtet sich nun vor allem auf den Hundeführer. Der muss nämlich lernen, wie er seinen Hund fließend und ohne unnötige Verzögerung von Hindernis zu Hindernis steuern kann. Die meisten Hundeführer müssen sich eine Menge verwirrende, überschwengliche und oftmals sich widersprechende Bewegungen und Kommandos abgewöhnen. Im Laufe des Kurses

wird der Hundeführer erkennen, wie gut sein Hund bereits auf seine Kommandos reagiert. Der Hundeführer muss darauf achten, dass er seine Anweisungen rechtzeitig gibt, bevor der Hund unsicher wird und nicht weiß, welches das nächste Hindernis sein könnte. Gerade in dieser Phase ist das Timing besonders wichtig. Oft ist es so, dass der Hundeführer auf den Hund reagiert und erst dann seine Anweisungen gibt, wenn der Hund einen Fehler zu machen droht oder sich nicht sicher ist, welches Hindernis erst als nächstes bewältigen soll. In diesem Moment reagiert der Hundeführer bereits zu spät. In der Freizeitgruppe und vor allem in der Wettkampfgruppe wird es dann noch etwas anspruchsvoller. Die Trainingsfiguren werden schwieriger. An den Kontakt zwischen Hund und Hundeführer werden höhere Anforderungen gestellt. Ein guter Trainer wird versuchen, speziell die Schwachstellen eines Teams zu verbessern. In der Regel ist auf diesem Niveau jeder "Fehler" des Hundes in erster Linie auf einen Fehler des Hundeführers zurückzuführen.

Training an den Hindernissen
Ein Parcours setzt sich, je nach Art des Parcours, aus verschiedenen Hindernissen zusammen. Der Parcours wird bei Wettkämpfen jeweils unterschiedlich aufgebaut. Der Hund muss also lernen, die Hindernisse stets in unterschiedlicher Reihenfolge und von verschiedenen Seiten aus zu bewältigen.

Verwenden Sie für jedes Gerät einen bestimmten Namen, damit der Hund lernt, die Geräte am Wortlaut zu erkennen. Beim Training trägt der Hund ein festes Halsband.

Kontaktzonenhindernisse
Zu den Kontaktzonenhindernissen gehören der Laufsteg, die Wippe und die Schrägwand.
Kennzeichnend für alle diese Geräte ist, dass der Hund alle erforderlichen Kontaktzonen mit mindestens einer Pfote berühren muss. Um dem Hund beizubringen, dass er die Kontaktzonen nicht überspringen darf, lassen wir den Hund während des Trainings auf den Kontaktzonen sitzen. Während des Wettkampfes wird er die Kontaktzonen dann auch tatsächlich berühren.

Der Laufsteg
Der Hund muss ohne jegliche Angst und mit einer gewissen Geschwindigkeit über das Gerät hin- und zurücklaufen können.

Die Kontaktzonen müssen mindestens mit einer Pfote berührt werden.

Gehen Sie mit dem Hund zum Anfang des Laufstegs und halten Sie ihn am Halsband fest. Gehen Sie nun mit einem Hundekuchen, den Sie in der Mitte des Bretts halten, vor dem Hund her. Sorgen Sie dafür, dass der Hund nicht herunterfallen kann, indem zwei Personen an beiden Seiten des Laufstegs neben dem Hund herlaufen. Lassen Sie den Hund am Ende auf der Kontaktzone sitzen. Warten Sie, bis der Hund mit den Vorderbeinen auf dem Boden steht und bewegen Sie dann die Hand mit dem Hundekuchen nach hinten. Der Hund sitzt dann genau auf der richtigen Stelle. Bleiben Sie selber aufrecht stehen und bewegen Sie nur die Hand mit der Belohnung. Ihr Körper steht in Laufrichtung und Sie schauen den Hund nicht zu oft an, da dieser sonst eventuell rückwärts gehen könnte. Machen Sie diese Übung einige Male, bis der Hund sicher über den Laufsteg läuft. Sobald er dies tut, können Sie das Tempo erhöhen und den Hund schneller über den Laufsteg laufen lassen. Schließlich können Sie den Hund ohne Leine über den Laufsteg laufen lassen. Am Anfang ist es sehr wichtig, darauf zu achten, dass der Hund nicht vom Laufsteg fallen kann beziehungsweise vom Laufsteg herunterspringen kann. Auch später, wenn der Hund sich sicherer fühlt, wird er versuchen, vom Laufsteg zu springen. Achten Sie darauf, dass der Hund

immer die Kontaktzonen am Anfang und am Ende der Schrägen des Laufstegs berührt. Lassen Sie den Hund niemals von einem Kontaktzonenhindernis springen! Falls der Hund ungewollt auf einen Laufsteg gerät, dann führen Sie die Übung immer zu Ende und lassen Sie ihn nicht hinunterspringen. Belohnen Sie bei Kontaktzonenhindernissen niemals mit einem Ballspiel (der Hund kann dadurch Kontaktzonen verfehlen), sondern immer nur mit einer Leckerei.

A-Schrägwand
Bei diesem Gerät können Sie das Kommando „Hopp" oder „Spring" verwenden. Der Hund muss bei diesem Gerät über die A-Schrägwand klettern und dabei die Kontaktzonen berühren. Auch bei diesem Gerät ist es praktisch, wenn Sie am Anfang des Trainings mit zwei Hundeführern üben. Bauen Sie die Schrägwand im niedrigsten Stand auf und lassen Sie den Hund gerade vor der Schrägwand sitzen. Gehen Sie aus dieser Position heraus gerade auf

das Gerät zu. Halten Sie das Halsband fest in der einen Hand und einen Hundekuchen, den Sie dem Hund direkt vor die Nase halten, in der anderen Hand. Auch hierbei sollte der Hund beim Verlassen des Gerätes wieder auf der Kontaktzone sitzen. Bleiben Sie aufrecht stehen und bewegen Sie die Hand mit dem Hundekuchen nach unten. Wenn der Hund mit den Vorderpfoten auf dem Boden steht, sitzt er auf der richtigen Stelle. Sie selber stehen in Laufrichtung, also seitlich von der Schrägwand.

Wiederholen Sie diese Übung so lange, bis der Hund fehlerfrei und mit Vertrauen über die Schrägwand geht. Wenn dies ganz gut klappt, können Sie die Schrägwand ein wenig höher, also steiler aufbauen. Es ist sehr wichtig, dass Sie dies Schritt für Schritt tun, damit der Hund das nötige Selbstvertrauen aufbaut und das Gerät auf eine angenehme Weise kennenlernt. Schließlich können Sie dann das Tempo erhöhen und den Hund

unangeleint über die Schrägwand laufen lassen. Fassen Sie den Hund nicht plötzlich am Nackenfell, um ihn unten an der Kontaktzone abzubremsen. Auf den Hund wirkt dies wie eine Belehrung und wir möchten ja, dass die Kontaktzone für den Hund ein besonderer Platz ist. Achten Sie auch bei diesem Gerät darauf, dass der Hund nicht springt. Führen Sie diese Übung immer zu Ende, wenn der Hund unbeabsichtigt auf dieses Gerät geht.

Die Wippe

Von den drei Kontaktzonenhindernissen ist die Wippe am schwierigsten. Bei diesem Gerät geht es nicht nur um das Gleichgewicht des Hundes, sondern auch noch um den Kipppunkt der Wippe. Der Hund muss lernen, wo und wann das Brett umkippt und wie er diese Bewegung auffangen kann. Letztendlich muss der Hund vom Anfang bis zum Ende über die Wippe laufen und dabei die Kontaktzonen berühren. Bevor der Hund die Wippe wieder verlässt, muss sie an der anderen Seite den Boden berühren.

Fangen Sie möglichst niedrig an. Am besten können Sie das Brett der Wippe zunächst auf ein niedrigeres Gestell legen. Laufen Sie mit dem angeleinten Hund über das Brett. Halten Sie mit der anderen Hand wieder einen Hundekuchen direkt vor die Nase des Hundes. Laufen Sie mit dem Hund ruhig das Brett hoch. Lassen Sie den Hund auf der Höhe des Kipppunktes kurz stehen

bleiben. Dadurch erhält der Hund die Möglichkeit, seinen eigenen Kipppunkt zu finden. Je eher der Hund lernt, diesen Kipppunkt selber zu finden, desto besser ist es. Lassen Sie den Hund, wie bei der vorherigen Übung, sich auf die Kontaktzone setzen. Achten Sie darauf, dass Sie als Hundeführer aufrecht und in Laufrichtung stehen bleiben. Machen Sie diese Übung mit dem Hund sowohl zu Ihrer linken als auch zu Ihrer rechten Seite. Wiederholen Sie diese Übung so lange, bis der Hund selbstsicher über das Brett spaziert und sich brav auf die Kontaktzone setzt. Nun können Sie das Brett langsam aber sicher etwas höher legen. Lassen Sie den Hund sich in Ruhe an die neue Höhe gewöhnen. Danach soll der Hund unangeleint über die Wippe laufen. Achten Sie darauf, dass der Hund auch bei dieser Übung nicht vom Gerät springt und verwenden Sie keinen Ball als Belohnung.

Lassen Sie dem Hund für diese schwierige Übung ausreichend Zeit und setzen Sie ihn nicht unter Druck.

Tunnel

Hierbei muss der Hund so schnell wie möglich durch einen dunklen, engen Tunnel laufen. Viele Hunde sind zu Beginn ängstlich. Deshalb ist es besonders wichtig, dass der Hund seinem Hundeführer voll und ganz vertraut. Wenn der Hund die Übung beherrscht, dann ist der Plastiktunnel besonders gut dazu geeignet, eine hohe Geschwindigkeit zu erreichen.

Der Plastiktunnel

Am Anfang sollten Sie den Plastiktunnel am besten so zusammenschieben, dass nur ein kleines Stück übrigbleibt. Lassen Sie den Hund an der einen Seite von einem zusätzlichen Hundeführer festhalten und setzen Sie sich selbst auf die andere Seite des Tunnels. Setzen Sie sich so hin, dass der Hund Ihr Gesicht sehen kann und rufen Sie ihm fröhlich zu. Wenn der andere Hundeführer den Hund nun loslässt, wird er mit großer Wahrscheinlichkeit durch den Tunnel auf Sie zu laufen. Belohnen und loben Sie den Hund ausgiebig. Auf diese Weise lernt der Hund, was von ihm erwartet wird. Wenn dies gut klappt, können wir selber mit dem Hund auf den Tunnel zulaufen. Geben Sie das Kommando "Hindurch". Wenn wir dies langgezogen aussprechen und gleichzeitig mit unserer Hand auf die Tunnelöffnung zeigen, wird

rufen Sie ihn zu sich. Wenn dies gut klappt, können Sie das Tuch immer etwas weiter nach unten sinken lassen. Auf diese Weise kann der Hund sich langsam an das Gefühl des Stoffes auf seinem Körper gewöhnen. Auch hierbei ist ein Ball wieder eine geeignete Belohnung. Bei den meisten Hunden sorgt der Stofftunnel für keine weiteren Probleme.

Bringen Sie dem Hund das Durchlaufen des Stofftunnels nicht bei Regenwetter bei! Der Stoff wird dann schwerer und somit hinderlicher für den Hund.

der Hund es schnell begreifen und durch den Tunnel rennen. Ein Ball ist bei dieser Übung eine gute Belohnung. Am besten ist es, wenn der Hund den Ball in dem Moment zu Gesicht bekommt, wenn er seinen Kopf aus dem Tunnel steckt. Wenn diese Übung einwandfrei klappt, können wir den Tunnel verlängern und Kurven reinlegen.

Der Stofftunnel

Beim Stofftunnel gelten die gleichen Regeln wie beim Plastiktunnel. Der Stofftunnel ist jedoch schwieriger, da der Hund den Ausgang nicht sehen kann. Außerdem muss er sich noch an das Gefühl gewöhnen, wenn der Stoff über seinen Rücken gleitet. Fangen Sie mit dieser Übung daher erst an, wenn der Hund genügend Erfahrung mit dem Plastiktunnel hat. Lassen Sie den Hund auch hier von einem zusätzlichen Hundeführer an der Öffnung des Stofftunnels festhalten. Heben Sie den Stoff bei den ersten Malen an der anderen Seite an, damit der Hund Ihr Gesicht sehen kann und

Sprünge

Beim Agility gibt es verschiedene Sprunghindernisse: Stangenhürden (Ständer mit beweglichen Elementen, die Bürste und die Mauer), Weitsprünge und den Sprung durch den Reifen. Bei Stangenhürden benötigt der Hund eine andere Technik als bei Weitsprüngen oder dem Springen durch den Reifen.

Stangenhürden

Beginnen Sie das Training mit den Stangenhürden immer auf der niedrigsten Stufe. Auf diese Weise vermeiden Sie, dass der Hund unter den Elementen des Hindernisse durchkriecht. Halten Sie den Hund an der Leine und führen Sie ihn über den Sprung, indem Sie anfeuernde Geräusche machen oder ihm einen Ball zeigen. Alles ist erlaubt, solange es für den Hund angenehm ist. Belohnen Sie den Hund sofort, wenn er über das Hindernis springt,

auch wenn die ersten Versuche nicht ganz so geglückt sind. Wenn der Hund einmal verstanden hat, dass es Spaß macht und er auch noch dafür belohnt wird, wird er schnell zu einem begeisterten Springer werden. Wenn der Hund den Sprung sowohl von der rechten als auch von der linken Seite beherrscht, können Sie das Hindernis etwas höher legen. Machen Sie dies Schritt für Schritt, schließlich soll das Springen dem Hund weiterhin Spaß machen. Wenn dies dann alles ganz gut klappt, können Sie ohne Leine arbeiten. Es ist dann sehr wichtig, dass Sie dem Hund sehr klar verständlich machen, was er zu tun hat. Stehen Sie aufrecht, mit dem Gesicht zum Sprung gerichtet und zeigen Sie auf den Sprung. Geben Sie gleichzeitig mit hoher Stimme das Kommando „Hopp" oder „Spring" und der Hund wird über das Hindernis springen. Der Ton, in dem Sie das Kommando geben, ist ein sehr wichtiges Hilfsmittel. Je höher der Ton ist, desto einfacher wird der Hund springen. Seien Sie begeistert und belohnen Sie den Hund rechtzeitig, dann wird ihm dieses Hindernis in der Regel keine Schwierigkeiten bereiten.

Weitsprünge
Der Weitsprung stellt andere Anforderungen an die Sprungkraft des Hundes als der Hochsprung. Der Hund muss nun in die Weite über ein Hindernis springen und braucht nicht so sehr hoch zu springen. Das Einschätzen des Abstandes ist bei diesem Hindernis wichtiger als beim Hochsprung. Wenn Sie mit dem Üben des Weitsprungs anfangen, sollten Sie die Elemente zunächst nah aneinander stellen. Halten Sie den Hund an der Leine und laufen Sie mit ihm auf das Hindernis zu. Lassen Sie den Hund auf ein Kommando und auf eine Handbewegung hin springen. Belohnen Sie den Hund nach dem Sprung.

Wenn dies ganz gut klappt, können Sie die Elemente des Hindernisses etwas weiter auseinander stellen und so die Sprungbreite vergrößern. Machen Sie schließlich die Leine los und lassen Sie den Hund alleine springen. Sorgen Sie dafür, dass der Hund den Weitsprung aus beiden Richtungen machen kann und achten Sie darauf, dass der Hund nicht schräg über das Hindernis springt. Falls er es dennoch tut, müssen Sie dies sofort korrigieren.

Reifen
Für die meisten Hunde ist der Reifen der schwierigste Sprung. Bei diesem Sprung ist nicht so sehr die Sprungkraft des Hundes gefragt als vielmehr Genauigkeit, Mut und Selbstbeherrschung. Zu Anfang wird der Reifen in den untersten Stand gehängt. Lassen Sie den Hund von einem Helfer vor dem Hindernis festhalten. Stellen Sie sich auf die andere Seite mit dem Gesicht hinter dem Reifen, so dass der Hund Sie durch den Reifen hindurch anschaut. Locken Sie den Hund nun mit einem Hundekuchen oder einem Ball, so dass er durch den Reifen

springt. Wenn dies gut funktioniert und es dem Hund Spaß macht, laufen Sie mit dem Hund mit. Laufen Sie auf den Reifen zu und geben Sie das Kommando "Reifen". Zeigen Sie gleichzeitig auf die Mitte des Reifens. Mit Ihrem Bein können Sie den Zwischenraum neben dem Reifen versperren und so Fehler vermeiden. Belohnen Sie den Hund nach jedem Sprung. Eine andere Möglichkeit ist, einen Ball durch den Reifen zu werfen. Dann müssen Sie allerdings gut aufpassen, dass der Hund nicht um den Reifen herum laufen kann. Wenn das Springen durch den Reifen ganz gut funktioniert, hängen Sie den Reifen langsam auf die vorgeschriebene Höhe.

Slalom (Stangen)

Für die Zuschauer ist es schön anzusehen, wenn ein Hund voller Begeisterung um die Stangen des Slaloms läuft. Doch es ist schwieriger als es aussieht und erfordert eine enorme Aufmerksamkeit des Hundes. Der Hund muss immer von der rechten Seite, d.h. die erste Stange befindet sich links vom Hund, einfädeln. Zu Anfang nehmen wir den Hund an die Leine und lotsen ihn durch die Stangen. Sie dürfen den Hund an der Leine begleiten, ihn jedoch nicht wirklich ziehen. Bei dieser Übung können Sie wieder einen Hundekuchen verwenden, den Sie dem Hund vor die Nase halten, wenn Sie ihn durch den Parcours führen. Während des Laufens verwenden Sie einen lang-

gezogenen Ton. Was Sie genau sagen, ist nicht so wichtig. Oft werden Töne wie "pppppprrrrrrrr" oder das lang ausgesprochene Wort "weave" verwendet. Wenn Sie immer das gleiche Geräusch verwenden, wird der Hund seine Geschwindigkeit und seine Konzentration darauf richten. Die Stangen üben wir mit dem Hund erst links und rechts an der Leine. Auch wenn der Hund an der linken Seite läuft, muss er von der rechten Seite einfädeln. Laufen Sie bei dieser Übung immer in aufrechter Haltung und versuchen Sie, den Hund neben sich zu halten. Wenn Sie den Hund zu oft ansehen, wird er zurückbleiben und niemals seine Höchstgeschwindigkeit erreichen.

Wenn der Hund und der Hundeführer das Durchlaufen der Stangen gut beherrschen, wird die Leine abgenommen. Dann ist auch der Zeitpunkt gekommen, an dem das Tempo erhöht werden kann. Indem

Slalom
Trainingsanlage

wir neben dem Hund eine Gleit-
bewegung machen, können wir die
Stangen, bei denen der Hund an
der rechten Seite einfädeln muss,
absperren, wodurch Fehler vermie-
den werden können. Dies ist auch
sehr wichtig, da die Motivation des
Hundes abnehmen wird, wenn er
zwischen den Stangen zurückgeholt
werden muss. Wenn der Hund durch
alle zwölf Stangen korrekt gelaufen
ist, können Sie den Hund mit einem
Ball belohnen. Wenn Sie den Ball
überraschend vor dem Hund her-
werfen, werden ihm die Stangen
noch mehr Spaß machen. Fangen
Sie nicht an zu schimpfen, wenn der
Hund anfangs noch Schwierigkeiten
hat, alle zwölf Stangen zu durchlaufen. Denn gerade dann fängt der

Hund an, Fehler zu machen. Wenn
er zum Beispiel immer bei der achten Stange eine negative Reaktion
bekommt, wird er diese Stange einfach auslassen. Beim Durchlaufen
des Slaloms wird dann niemals eine
schöne, fließende Linie entstehen
können.

Tisch

Dieses Gerät erscheint ziemlich einfach, doch es hat es dennoch ganz
schön in sich. Während bei allen
anderen Geräten Aktion und
Bewegung gefragt sind, muss der
Hund hier nun einen Augenblick
bewegungslos verharren. Darüber
hinaus muss der Hund lernen, aus
dem Sprint heraus auf den Tisch zu
springen und dann sofort stark abzubremsen, damit er nicht an der anderen Seite des Tisches wieder herun-
terrutscht. Fangen Sie auch beim
Tisch mit der niedrigsten Stufe an
und halten Sie den Hund an der
Leine.

Laufen Sie in einem gemäßigten
Tempo zum Tisch, geben Sie das
Kommando "Tisch" und lassen Sie
den Hund sich auf dem Tisch hinlegen. Laufen Sie dann weg und rufen
Sie den Hund nach etwa fünf
Sekunden mit einer fröhlichen
Stimme zu sich. Danach wiederholen Sie die Übung, aber nun lassen
Sie den Hund auf dem Tisch sitzen.
Bei der nächsten Wiederholung soll
sich der Hund wieder hinlegen. Das
ist wichtig, da die Haltung des Hundes, in der er auf dem Tisch verharren muss, bei manchen Turnieren

erst pro Wettkampf bestimmt wird. Wenn das alles ganz gut klappt, können Sie den Hund unangeleint auf den Tisch springen lassen. Danach sollten Sie das Tempo erhöhen und den Tisch auf die richtige Höhe einstellen. Denken Sie daran, dass Sie den Hund immer gerade aus der Laufrichtung heraus auf den Tisch springen lassen müssen. Lassen Sie ihn niemals vom Tisch springen, bevor Sie ihm nicht das entsprechende Kommando dazu gegeben haben.

Tipps

Bringen Sie Ihrem Hund bei, die Hindernisse in willkürlicher Reihenfolge und aus verschiedenen Richtungen zu springen. Bei Wettkämpfen wird der Parcours jedesmal anders aufgebaut. Wenn Sie beim Training immer die gleiche Reihenfolge verwenden, gewöhnt der Hund sich daran. Er kommt dann durcheinander, wenn der Parcours bei einem Wettkampf eine andere Reihenfolge hat. Üben Sie die Hindernisse deshalb auch aus verschiedenen Richtungen. Wenn der Hund bei einem bestimmten Hindernis Schwierigkeiten hat, dann üben Sie nicht so lange, bis Hund und Herrchen müde und genervt sind. Bringen Sie etwas Abwechslung in das Training, zum Beispiel indem Sie erst an einem anderen Hindernis weitermachen. Während des Trainings sollte das Wohl des Hundes im Vordergrund stehen und auf keinen Fall Zwang ausgeübt werden. Wenn der Hund einen Fehler macht, sollten Sie darüber nachdenken, wie Sie dem Hund diesen Fehler auf eine spielerische Weise wieder abgewöhnen können. Legen Sie regelmäßig eine Pause zum Spielen ein.

Prüfungsstufen und Zulassungsalter

Das Regelwerk ist unterteilt in:

Art der Prüfung/Wettkampf	Abkürzung	Mindestalter
Begleithundprüfung/Verhaltenstest	BH/VT	15 Monate
Begleithundprüfung-Agility/ Verhaltenstest	BH-A/VT	15 Monate
Beginner-Klasse		15 Monate
Agility 1	A 1	18 Monate
Agility 2	A 2	18 Monate
Agility 3	A 3	18 Monate
Jumping 1	JP 1	18 Monate
Jumping 2	JP 2	18 Monate
Senioren-Klasse		mindestens 6 Jahre
Agility-Offen	A-offen	18 Monate
Spiele		15 Monate

Wettkämpfe

Nach einer kurzen oder längeren Trainingszeit können Sie an Wettkämpfen teilnehmen. Es gibt mehrere Organisationen und Vereine, die Wettkämpfe veranstalten. Die F.C.I. hat für Agilitywettkämpfe international geltende Regeln aufgestellt.

Die Wettkämpfe werden nicht von der Dachorganisation selbst organisiert, sondern von den Vereinen, die dieser Organisation angeschlossen sind.

Zwischen den Wettkampfregeln, der Klasseneinteilung und den Wettkampfformen der verschiedene Verbände gibt es kleine Unterschiede. Bei die meisten Organisationen werden sowohl reinrassige als auch nicht reinrassige Hunde zugelassen.

Kategorien

Für Hunde, die in den nachstehenden Kategorien gemeldet werden, ist der Nachweis der Größe durch Eintragung in den Leistungsnachweis oder Vorlage des Messprotokolls zu erbringen. Diese Eintragung darf nicht älter als Dezember

Drei Größenklassen sind vorgegeben:

- Small (S)   kleiner als 35 cm Widerristhöhe
- Medium (M) ab 35 cm und kleiner als 43 cm Widerristhöhe
- Large (L)   ab 43 cm Widerristhöhe

ber 2000 sein. Berechtigung zur Messung haben die VDH-Agility-Leistungsrichter. Messungen müssen mit Körmaß vorgenommen werden. Messungen von Zuchtrichtern werden dann in den Leistungsnachweis übernommen, wenn sie im Zusammenhang mit Zuchtschauen/Zuchtprüfungen erfolgten und entsprechend in die Ahnentafel des Hundes eingetragen wurden. Grundsätzlich gilt,

Messergebnisse sind nur dann anzuerkennen, wenn der Hund bei der Messung 18 Monate alt war. Bestandsschutz wird für die Hunde gewährt, die bereits im Jahr 2001 in Agility starteten und entsprechend - auch mit jüngerem Lebensalter - vermessen wurden.

Teilnahmevoraussetzungen

Das Team (Hundeführer/Hund) ist teilnahmeberechtigt wenn:
• Der Hund identifizierbar ist (Tätowierung oder Chip)
• Der Nachweis über die erfolgreich abgelegte VDH-Begleithund-prüfung bzw. Begleithundprüfung-Agility/VT innerhalb einer termingeschützten Veranstaltung eines prüfungsberechtigten VDH-Mitgliedsvereines (uneingeschränkt: SV, dhv, ADRK, DV, RZVH, PSK, BK, IBC, KfT, DBC, DMC) (ausschließlich Agility-Leistungsrichter: CfBH, DKBS, CBP, VDP VDH-anerkannte Leistungsrichter);
• der Eigentümer und Hundeführer nachweislich einem VDH-Verein angehört;
• Ein gültiger Leistungsnachweis vorliegt;
• Unmeldung in eine andere Prüfungsklasse sind der Meldestelle bis zum Montag vor der Veranstaltung anzuzeigen;
• Nachweis der Prüfungsreife (Start in der gemeldeten Klasse) durch Unterschrift des Übungsleiters/Trainers auf der Anmeldung zur Prüfung /Wettkampf. Unterschriftsberechtigt ist nur der Übungsleiter/Trainer des Vereines für den sich der Starter zur Prüfung/zum Wettkampf angemeldet hat.

Spezifische Startvoraussetzungen in den Klassen

Beginner-Klasse

• Startberechtigt ist nur der Hund, für den eine bestandene VDH-Begleithundprüfung (siehe allgemeine Bestimmungen) nachgewiesen wird. Der Start in dieser Klasse liegt im Ermessen des Hundeführers.

• Der Hund, der mindestens 15 Monate alt ist und bisher nicht in der Prüfungsstufe A 1 startete.

Prüfungsstufe A 1

• Startberechtigt ist nur der Hund, für den eine bestandene VDH-Begleithundprüfung (siehe allgemeine Bestimmungen) nachgewiesen wird.

• Der Hund, der mindestens 18 Monate alt ist.

Prüfungsstufe A 2

• Startberechtigt ist der Hund, für den dreimal innerhalb von VDH-geschützten Prüfungen/Wettkämpfen eine Platzierung 1-3 mit fehlerfreien vorzüglichen Ergebnissen oder zehn fehlerfreie vorzügliche Ergebnisse ohne Platzierung unter mindestens zwei verschiedenen VDH-Agility-Richtern in der Stufe A 1 nachgewiesen werden.

• Ein Abstieg aus der Klasse 2 in die Klasse 1 ist freiwillig. Für einen erneuten Aufstieg sind die oben genannten Bedingungen erneut zu erfüllen.

Prüfungsstufe A 3

• Startberechtigt ist der Hund, für den drei innerhalb von VDH-geschützten Prüfungen/Wettkämpfen eine Platzierung 1-3

mit fehlerfreien vorzüglichen Ergebnissen oder zehn fehlerfreie vorzügliche Ergebnisse ohne Platzierung unter mindestens zwei verschiedenen VDH-Agilily-Richtern in der Stufe A 2 nachgewiesen werden.

• Ein Abstieg aus der Klasse 3 in die Klasse 2 ist freiwillig. Für einen erneuten Aufstieg sind die oben genannten Bedingungen erneut zu erfüllen.

Senioren-Klasse

• Ein Start in der Senioren-Klasse liegt im Ermessen des Hundeführers, sofern der vorgestellte Hund mindestens 6 Jahre alt ist,
• Ein entsprechender Eintrag „Senioren-Klasse ab:..." im Leistungsnachweis vom entsendenden Verband eingetragen wurde;
• Nach der Eintragung in die Senioren-Klasse kann der Hund nicht mehr zurück in eine andere Prüfungsstufe.

Jumping

Das Jumping wird in den Prüfungsstufen 1-3 angeboten. Der Start eines Hundes in der jeweiligen Stufe richtet sich ausschließlich nach seiner Startberechtigung in den Prüfungsstufen Agility.

Erworbene Ausbildungskennzeichen sind ausschließlich in einen Leistungsnachweis einzutragen

und zwar in den des Vereines/-Verbandes, für den der Starter

sich zur Prüfung/zum Wettkampf meldete. In weitere für den Hund erstellte Leistungsnachweise wird nicht eingetragen und Nachtragungen zu einem späteren Zeitpunkt sind nicht zulässig.

Spiele

Teilnahmeberechtigt sind alle Hunde, welche die Voraussetzungen für den Start in der Klasse Beginner erfüllen. Das Ergebnis wird in keinen Leistungsnachweis eingetragen.

Parcoursgestaltung Beginner und Senioren
Beginner

Der Parcours unterscheidet sich zu dem der Prüfungsstufe A 1 durch eine niedrigere Sprunghöhe (mindestens 5 bis maximal 10 cm unter der Mindesthöhe der jeweiligen Kategorie), dem einfacheren Streckenverlauf und der festgelegten Laufgeschwindigkeit. In diesem Parcours werden der Slalom, die Wippe und der Reifen nicht gestellt. Eine Eintragung in den Leistungsnachweis erfolgt nicht. Im Gegensatz zu den allgemeinen Bestimmungen wurde folgendes festgelegt: Am Tag des erstmaligen Starts in der Al kann das Team zusätzlich vorher in der Beginner-Klasse innerhalb derselben Veranstaltung starten.

Senioren

Der Parcours unterscheidet sich zu dem der anderen Prüfungsstufen durch eine niedrigere

Sprunghöhe (mindestens 5 bis maximal 10 cm unter der Mindesthöhe der jeweiligen Kategorie) und der Laufgeschwindigkeit. In diesem Parcours werden der Reifen und der Slalom nicht gestellt. Die Wand muss für die Kategorien S und M auf 150 cm und für L auf 170 cm abgesenkt werden. Die Ergebnisse der Senioren-Klasse werden in den Leistungsnachweis eingetragen. Die Senioren-Klasse ist auf dem Parcours der A2 zu laufen.

Der Parcours

Das Aufstellen des Parcours muss sehr sorgfältig geplant sein. Für jede Art von Parcours gelten nämlich unterschiedliche Regeln, welche Geräte aufgestellt werden dürfen und wie diese angebracht werden müssen. Bei der Höhe der Geräte ist darauf zu achten, ob der Parcours für kleine oder für große Hunde bestimmt ist. Auch sind beim Aufstellen eines Parcours die Sonderregeln für Anfänger und Senioren zu beachten.

Parcoursarten

Innerhalb des Agilitysports gibt es drei verschiedene Parcoursarten: den festen Parcours, den „Jumping"-Parcours und den Spieleparcours.

Bei einem **festen Parcours** können alle Hindernisse verwendet werden, also Sprünge, Slalom, Tisch, Kontaktzonenhindernisse und Tunnel. Für den Parcours bei Wettkämpfen müssen mindestens zwei und höchstens vier Kontaktzonenhindernisse aufgebaut werden. Die Reihenfolge, in der die Hindernisse aufgebaut werden müssen, wird vorab vom Wettkampfkomitee bestimmt und mit Nummern angegeben. Beim **„Jumping"-Parcours** dürfen keine Kontaktzonenhindernisse verwendet werden. Auch hierbei wird die Reihenfolge, in der die Hindernisse gesprungen werden müssen, mit Nummern angegeben.

Beim Spieleparcours (**„Fungame"**) können die Teilnehmer völlig ungezwungen einen zusätzlichen Parcours ohne jeglichen Wettkampfdruck laufen. Hierbei können alle reglementarisch erlaubten Geräte verwendet werden, wobei verschiedene Varianten möglich sind. Die Reihenfolge, in der die Hindernisse gelaufen werden müssen, kann je nach dem willkürlich sein. Während eines Wettkampftages kann ein Team aus Hund und Hundeführer drei oder vier verschiedene Parcours laufen. Hierzu gehören ein fester Parcours, ein "Jumping" und ein oder zwei Spieleparcours.

Sonderregeln

Der Anfängerparcours muss aus mindestens sechs verschiedenen Geräten aufgebaut werden, wobei die Wippe und die Schrägwand nicht verwendet werden dürfen. Wenn der Slalom aufgebaut wird, dann muss dieser aus sechs Stangen bestehen. Jedes Gerät darf mehrmals verwendet werden, aber insgesamt dürfen nicht mehr als fünfzehn Geräte aufgebaut werden. Dies gilt sowohl für einen festen Parcours als auch für einen „Jumping". Bein einem „Jumping" dürfen mehr Hochsprünge verwendet werden, insgesamt dürfen jedoch auch hier nicht mehr als fünfzehn Geräte verwendet werden.

Die **Sprünge** im Parcours müssen verschiedenen Anforderungen entsprechen. Die Kombinationssprünge setzen sich aus zwei bis vier Hochsprüngen zusammen,

die in einer geraden Linie aufgebaut werden. Die Sprünge müssen in einem Abstand von mindestens vier Metern aufgebaut werden. Jeder Sprung wird einzeln beurteilt. Bei einer Verweigerung eines Sprungs muss die gesamte Kombination wiederholt werden.

Die Parallelsprünge sind Hochsprünge, die dicht hintereinander in einer geraden Linie aufgebaut werden. Die Stangen werden auf gleicher Höhe aufgebaut oder jeweils höher gelegt. Ein ansteigender Parallelsprung ist für kleine Hunde nicht erlaubt. Der Weitsprung, der Reifen und der Tisch müssen immer in einer geraden

Linie hinter dem vorhergehenden Hindernis stehen. Dies muss also beim Aufbau des Parcours eingeplant werden.

Parcourszeit

Wenn der Parcours aufgebaut ist, bestimmt der Schiedsrichter die Standardparcourszeit und die maximale Parcourszeit. Die Standardparcourszeit ist die Zeit, innerhalb welcher der Parcours ohne Zeitfehler absolviert werden kann. Die maximale Parcourszeit ist die Gesamtzeit, innerhalb welcher der Parcours absolviert werden muss. Die gelaufenen Parcourszeiten müssen immer in Hundertstelsekunden gemessen werden.

Die Standardparcourszeit wird berechnet, indem man die Länge des Parcours durch die Anzahl der pro Sekunde abzulegenden Meter dividiert. Das Ergebnis, das aufgerundet wird, ist dann die Standardparcourszeit. Wenn im Parcours ein Tisch aufgestellt wird, werden bei der Standardparcourszeit fünf Sekunden hinzugezählt. Zur Berechnung der maximalen Parcourszeit wird die Standardparcourszeit um die Hälfte vermehrt.

Fehler beim Absolvieren des Parcours
Allgemeines

Bei Überschreitung der Standardparcourszeit wird jede Hundertstelsekunde der Überschreitung als Strafpunkt gezählt. Jeder Fehler, der im Parcours gemacht wird, bildet eine Einheit von fünf Strafpunkten. Verweigerungen werden auch als Fehler (also fünf Strafpunkte) angerechnet. Eine Verweigerung von insgesamt drei Hindernissen führt zur Disqualifikation. Die gesamte Fehleranzahl plus die Zeitfehler bestimmen die Endbeurteilung des Teilnehmers.

Eine Reihe von Fehlern darf nicht behoben werden:
- Der Hund verfehlt eine Kontaktzone.
- Der Hund springt von einem oder mehreren Teilen des Geräts hinunter.
- Der Hundeführer berührt, absichtlich oder unabsichtlich, seinen Hund oder ein Gerät.

Andere Fehler dürfen wohl behoben werden:
- Der Hund verlässt den Tisch zu früh.
- Der Hund läuft zum zweiten Mal in den Slalom oder er verfehlt eine oder mehrere Stangen.

Der Teilnehmer darf seinem Hund im Falle eindeutiger höherer Gewalt nach Einwilligung des Schiedsrichters helfen, zum Beispiel falls ein Gerät nicht in Ordnung ist:
- Die Wippe kann sich durch den Wind (zu sehr) auf und ab bewegen, so dass der Hund Schwierigkeiten hat, auf die Wippe zu steigen.
- Der Ausgang des Stofftunnels

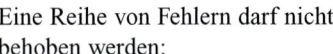

kann vom Wind umgeschlagen werden.
• Der Streckenposten hat das Ende des Stofftunnels nach dem Durchlauf des vorherigen Hundes nicht wieder richtig hingelegt.

In der Regel geht man davon aus, dass ein Hund ohne Probleme alle Geräte bewältigen können muss, um einen guten Parcours zu laufen. Wenn der Hund über ein falsches Gerät springt, kann das zu einer Disqualifizierung führen.

Fehler beim Start und Finish

• Der Hund läuft an der Markierung vom Start/Finish vorbei. Dies führt zu einer Disqualifizierung.
• Der Hundeführer läuft über die Markierung vom Start / Finish. Dies führt zu einer Disqualifizierung.
• Wenn Start und Finish mit einem Gerät markiert werden, dann führt das Umlaufen dieses Hindernisses durch den Teilnehmer zur Disqualifizierung.
• Wenn Start und Finish mit einer Stangenhürde markiert werden, dann führt die Verweigerung dieses Hindernisses zu einer Disqualifizierung, wenn die Linie der Stangenhürde überschritten wird.
Die übrigen Verweigerungen haben für den Start keine Folgen. Für das Finish gelten sie als gewöhnliche Verweigerung.

Fehler und Verstöße, die zur Disqualifizierung führen

• Grobes und unpassendes Verhalten des Teilnehmers seinem eigenen Hund (seinen eigenen Hunden) oder Hunden Dritter gegenüber – unpassendes Verhalten gegenüber Wettkampfmitarbeitern oder anderen Anwesenden
• Überschreitung der maximalen Parcourszeit Sonstige Fehler und Verstöße, die zu einer Disqualifizierung führen, finden Sie in den Wettkampfregeln.

Fehler an den Geräten

• Die Stangenhürden
Das Abreißen von Elementen ist ein Fehler, das Berühren hingegen nicht. Bei einer Verweigerung eines der Geräte eines Kombinationssprungs muss die gesamte Kombination neu gesprungen werden.

• Die Mauer

Das Abreißen von Elementen ist ein Fehler, das Berühren hingegen nicht. Wenn der Hund durch eines der Löcher in der Mauer läuft, gilt dies als Verweigerung. Wenn der Hund zur Wiederholung dieses Sprunges durch eines dieser Löcher oder über die Mauer zurückkommt, dann führt das zur Disqualifizierung.

• Die Bürstenhürde

Das Abreißen von Elementen ist ein Fehler, das Berühren hingegen nicht.

• Der Reifen
Das Berühren des Reifens durch den Hund ist kein Fehler. Wenn der Hund zwischen dem Reifen und dem Gestell hindurchläuft oder über das Gestell springt, gilt dies als Verweigerung. Wenn der Hund, um diese Verweigerung zu korrigieren, in entgegengesetzter Richtung durch den Reifen zurückkommt, dann führt dies zur Disqualifikation.

• Der Weitsprung
Das Berühren oder Umwerfen eines der Elemente während des Laufens gilt als Fehler. Das mit einem oder mehreren Pfoten Berühren des Bodens zwischen einem oder mehreren Elementen

wird als Fehler angerechnet. Das Laufen über oder zwischen den Elementen gilt als Verweigerung.

Der Hund muss in Längsrichtung zwischen den Markierungsstangen in (Parcours-)Laufrichtung über das Hindernis springen. Seitliches Wegspringen gilt als Verweigerung und alle anderen abweichenden Sprünge führen zur Disqualifikation.

• Der Tisch
Der Hund muss von der rechten Seite (von der Laufrichtung her gesehen) auf dem Tisch landen. Alles andere gilt als Verweigerung. Eine Wiederholung des Hindernisses ist nicht vorgeschrieben.

Wenn der Hund (mit der Nase) die gedachte Linie A-B überschreitet, gilt dies als Verweigerung. Wenn der Hund beim Überspringen des Tisches hinunterrutscht, gilt dies als Fehler. Zur Wiederholung des Hindernisses darf der Hund von allen Seiten auf den Tisch springen. Der Hund muss fünf Sekunden lang in der vorgeschriebenen Haltung auf dem Tisch verharren.

Wenn der Hund während dieser fünf Sekunden seine Position ändert, wird die Zeit angehalten, bis der Hund die vorgeschriebene Haltung wieder eingenommen hat. Verlässt der Hund während dieser fünf Sekunden den Tisch, dann gilt dies als Fehler und die Zeit wird angehalten. Sobald der Hund sich wieder in der vorgeschriebenen Haltung auf dem Tisch befindet, wird die Zeit von vorne gestoppt. Verlässt der Hund den Tisch zum zweiten Mal zu früh, dann wird er disqualifiziert.

• **Der Slalom (Stangen)**
Wenn der Hund bei der ersten Stange falsch einfädelt, dann gilt dies beim ersten Mal als Verweigerung, beim zweiten Mal jedoch als Fehler. Das Auslassen einer oder mehrerer Stangen wird als Fehler angerechnet. Das Zurücklaufen durch ein Tor, das an sich gut gelaufen worden ist, gilt ebenfalls als Fehler. Jeder Fehler, der im Slalom gemacht wird, wird als ein ganzer Fehler angerechnet. Beim Slalom muss jeder gemach-

te Fehler verbessert werden, so dass der Slalom korrekt beendet wird. Ist dies nicht der Fall, erfolgt die Disqualifikation, sobald der Hund das nächste Hindernis absolviert. Wenn man nach einem Fehler den kompletten Slalom erneut durchläuft, zählen die gemachten Fehler trotzdem. Die Fehler und Verweigerungen, die beim zweiten Durchlauf gemacht werden, werden dann hier hinzugezählt. Wenn ein Teilnehmer den

Slalom erneut durchläuft, weil er dachte, dass er einen Fehler gemacht hat, obwohl dies nicht der Fall war, dann wird er disqualifiziert. Wenn der Hund, nachdem er eine oder mehrere Stangen ausgelassen hat, durch den Slalom zurückläuft, wird er disqualifiziert - mit anderen Worten, der Hund wird disqualifiziert, wenn er zwei oder mehrere Stangen in der falschen Richtung anläuft.

• Der Tunnel

Wenn der Hund seinen Kopf oder eine Pfote in den Tunnel steckt und danach wieder zurückzieht, gilt dies als Verweigerung. Wenn die Nase des Hundes bereits deutlich im Tunnel war, der Hund jedoch nicht sofort in den Tunnel läuft, gilt dies ebenfalls als Verweigerung. Wenn der Hund, nachdem er bereits in den Tunnel gelaufen ist, wieder zurückkommt, gilt dies als Verweigerung, sobald ein

Körperteil, mit Ausnahme der Rute, aus der Öffnung hervorschaut.

- Die **Kontaktzonenhindernisse**
Beim Absolvieren dieser Hindernisse muss der Hund alle Kontaktzonen mindestens mit einer Pfote (oder einem Teil davon) berühren. Wenn er die Kontaktzone nicht berührt, dann gilt das pro Fläche als ein Fehler. Wenn der Hund beim Laufen der Kontaktzonenhindernisse (Laufsteg, A-Schrägwand) über die Kontaktzone springt und die Kontaktzone danach mit der Hinterpfote berührt, wird dies als Fehler angerechnet.

Wenn der Hund von der Schrägwand springt, bevor er mit mindestens einer Pfote den nach unten verlaufenden Teil berührt hat, gilt dies als Verweigerung.

Wenn der Hund vom Laufsteg springt, bevor er mit mindestens einer Pfote den nach unten verlaufenden Teil berührt hat, gilt dies als Verweigerung.

Wenn der Hund von der Wippe springt, bevor er mit allen vier Pfoten den Kipppunkt überschritten hat, gilt dies als Verweigerung. Wenn der Hund den Kontakt zur Wippe verliert, nachdem er mit seinen vier Pfoten den Kipppunkt überschritten hat, jedoch bereits vor dem nach unten laufenden Teil den Boden berührt hat, wird er disqualifiziert.

Verweigerungen

- Der Hund verlässt ein Kontaktzonenhindernis zu früh.
- Der Hund springt über den Seitenflügel.
- Der Hund läuft unter (zwischen) den Stangen hindurch.
- Der Hund springt oder läuft ein Gerät um.
- Der Hund bleibt einen Meter vor dem Hindernis, das er bewältigen muss, stehen.
- Der Hund läuft am Gerät vorbei. Hierbei ist die Position der Nase ausschlaggebend. Bei Kontaktzonenhindernissen ist die Senkrechte der Trennlinie der Kontaktzonen ausschlaggebend.
- Der Hund fädelt beim ersten Mal falsch in den Slalom ein.
- Der Hund muss in den Tunnel, er geht mit einem (Teil eines) Körperteil(s) in den Tunnel und zieht ihn dann zurück. Bei einer Verweigerung sind also in der Regel eine Pfote oder die Nase entscheidend.

Im Prinzip müssen alle verweigerten Hindernisse wiederholt werden!

Agility und Gesundheit

Bei einem Wettkampfsport geht man immer ein gewisses Risiko ein. Der Hundeführer muss immer darauf achten, dass er den Hund nicht zu guten Wettkampfergebnissen drängt.

Beim Agility kommt da noch ein wichtiger Aspekt hinzu. Agility ist nämlich ein noch ziemlich junger Sport ist, bei dem die Geräte zu einer Zeit entwickelt worden sind, als die Hunde den Parcours noch nicht so schnell gelaufen sind. Die Geräte sind gleich geblieben, doch der Sport ist viel schneller geworden. Die Belastung der Hunde ist dadurch größer geworden, wodurch es schneller zu Verletzungen kommen kann. Vor 1995 sind die allgemeine Belastung und auch eventuell schädliche Belastungen des Hundes beim Agility noch nie untersucht worden. Diese Artikel, die von Tierarzt Ronald Mouwen und Aukje Swarte geschrieben worden sind, basieren auf einer Vorlesung von Dr.H.C. Schamhardt, einem veterinär orientierten Biotechniker der

Fakultät für Tierheilkunde an der Universität Utrecht. Die Vorlesung ist ein Bestandteil einer Konferenz über "Verletzungen beim Agility". Diese Konferenz wurde von der Agilitygruppe "Band" organisiert. Die ungekürzten Artikel finden Sie im Internet unter: http://home.soneraplaza.nl/-mw/prive/doggy/belnlin.htm

Anatomie
Beim Agilitysport spielen verschiedene Teile des Hundes eine eigene Rolle. Diese Körperteile werden jeweils auf unterschiedliche Weise belastet und können somit auch auf unterschiedliche Weise überbelastet werden. Dabei hat sich herausgestellt, dass die Gelenke, Sehnen und Gelenkbänder am meisten gefährdet sind. Es treten zwar auch schon mal

Muskelverletzungen auf, doch dies geschieht meistens nur, wenn ein Hund beim Abstoßen oder Landen schnell weggerutscht ist.

• Hinterhand

Die wichtigste Aufgabe der Hinterhand ist das Entwickeln der Abstoßkraft, der Vorwärtsbewegung. Die Hinterhand ist der Motor des Hundes. Die Kraft, die der Hund zum Abstoßen vor einem Sprung (Hürde oder Schrägwand) braucht, kommt zum größten Teil aus der Hinterhand.

• Vorderhand

Die Vorderhand setzt sich aus dem Schulterblatt, dem Oberarm, dem Unterarm und der "Hand" zusammen. Diese komplexe Einheit spielt für die Wendigkeit des Hundes eine große Rolle.

Die Sehnen in diesem System müssen die Muskelkraft übertragen, doch sie müssen auch die Energie, die bei einer Landung (einem Sprung oder im Galopp) freigesetzt wird, in elastische Energie umsetzen und diese Energie auf diese Weise absorbieren. Die Fettpolster im unteren Teil des Fußes sind wiederum wichtig, um die Sehnen und die Sehnenscheiden bei der Landung zu schützen.

• Rücken

Die wichtigste Aufgabe des Rückens und der Rückenwirbel ist die Übertragung der Kraft von der Hinterhand zum Rest des Körpers.

Belastung und Überbelastung

Beim Agility ist eindeutig von

einer größeren Belastung des Hundes oder gewisser Körperteile des Hundes die Rede. Doch wann wird aus einer Belastung eine Überbelastung und wann besteht eine Verletzungsgefahr? Ein Muskel, eine Sehne, ein Gelenk oder ein Knochen kann durch eine Überbelastung verletzt werden. Dies geschieht, wenn auf dem bestimmten Körperteil eine zu große Kraft ausgeübt wird und die maximale Belastung überschritten wird. Darüber hinaus kann ein Schaden verursacht werden, wenn eine geringere Kraft zu oft wiederholt ausgeübt wird. Die belastende Kraft, die zu einer Überbelastung führen kann, setzt sich aus Muskelkraft (die für die Bewegung erforderlich ist), dem Auf-

prall bei der Landung und plötzlichen Bewegungen zusammen. Ausschlaggebend für die Entstehung einer Überbelastung ist die Dauer der Belastung. Wenn die Zeit, die für eine gewisse Leistung zur Verfügung steht, lang ist, dann wird die Kraft, die auf die belasteten Körperteile ausgeübt wird, geringer sein, als wenn für die gleiche Leistung weniger Zeit zur Verfügung steht (Leistung = Kraft x Zeit). Je kürzer die Zeit, desto höher die Kraft. Dies möchten wir am Beispiel des Sprunges näher erläutern. Beim Abstoß und bei der Landung ist im Grunde die gleiche Leistung erforderlich. Beim Abstoß ist die erforderliche Leistung hoch, doch da die Abstoßphase länger dauert, bleibt die Kraft also relativ

gering. Bei der Landung ist dies anders. Die Zeit des Landens ist kurz, wodurch die Kraft auf den Vorderbeinen höher ist.

Bei der Landung nach einem Sprung beträgt die Kraft auf dem landenden Bein etwa das Zweifache des Körpergewichts des Hundes. Die Kräfte, die auf die Gelenke einwirken, betragen ungefähr das Fünffache des Körpergewichts. Die Geschwindigkeit und in geringerem Ausmaß das Gewicht des Hundes spielen hierbei eine große Rolle. Ein größeres Gewicht und vor allem eine höhere Geschwindigkeit sorgen dafür, dass die Bewegungsenergie, die nach dem Sprung aufgefangen werden muss, stark zunimmt.

Ob nun eine bestimmte Bewegung oder ein bestimmtes Hindernis zu einer Überbelastung führen, lässt sich nicht genau sagen. Irgend etwas wird verletzt, weil die Belastung zu häufig vorkommt, zu hoch ist oder zu lange andauert. Es wird also praktisch nie etwas spontan verletzt, es gibt fast immer Anzeichen wie Schmerzen oder Unlust, ein Hindernis zu springen.

Koordination der Bewegungen

Um den Belastungen gewachsen zu sein und um eine Überbelastung zu vermeiden, ist die Koordination der Bewegung äußerst wichtig. Der Hund muss seine Bewegungen im richtigen

Augenblick, in der richtigen Reihenfolge und mit dem richtigen Maß an Kraft ausführen. Für eine gute Koordination ist es wichtig, dass der Hund weiß, was ihn erwartet, damit er sich darauf vorbereiten kann. Für eine gute Vorbereitung muss die Situation, die auf den Hund zukommt, allerdings vorhersehbar sein, der Hund muss wissen, was ihn erwarten kann. Nur dann ist eine Vorbereitung sinnvoll. Bei Agility lassen sich eine Menge Situationen gut vorhersehen. Die Höhe der Sprünge und die Steilheit der Schrägwand zum Beispiel sind deutlich vorhersehbar. Der Untergrund, meistens Gras, ist beim Agility ein eindeutig unvorhersehbares Element. Der kann nämlich rauhe und glatte Stücke haben. Darüber hinaus ist der Untergrund oft ungleichmäßig, wodurch er noch viel weniger eingeschätzt werden kann.

Die Erfahrung spielt hierbei eine große Rolle. Wenn der Hund ähnliche Situationen oft genug erlebt hat, erkennt er sie wieder und

kann er sich gut darauf vorbereiten. Durch die Erfahrung kann ein Hund sogar lernen, zu erkennen, in welchem Rahmen ungewisse Situationen entstehen können. Er weiß, dass der Abstand der Slalomstangen in einem gewissen Maß variieren kann und dass die Kontaktzonen rauh sind, aber nicht immer gleich rauh. Durch dieses Wissen kann der Hund sich auf solche Situationen vorbereiten und sich eventuell daran anpassen.

Doch die Erfahrung kann auch nachteilig sein. Wenn ein Hund sich aus Erfahrung auf eine bestimmte Situation vorbereitet, die dann ganz anders ist, als er erwartet hat (zum Beispiel bei Kontaktzonen) ist die Gefahr einer Überbelastung sehr groß. In einer solchen Situation ist der Hund völlig falsch vorbereitet und er wird versuchen, seine Bewegungen dementsprechend zu koordinieren, was eventuell einen Unfall zur Folge haben kann.

Belastung: Der Sprung

Grundlage des Agilitys ist der Sprung. Die Momente, in denen der Hund beim Sprung einer möglichen Überbelastung ausgesetzt ist, sind der Abstoß und die Landung. Nur dann wirken nämlich Kräfte von außen auf den Hund ein, die eine mögliche Überbelastung verursachen können. Nun ist die erbrachte Leistung beim Abstoßen und bei der Landung zwar gleich (Leistung Abstoß = Leistung Landung), dennoch ist die Belastung des Hundes beim Abstoßen im Vergleich zur Landung deutlich geringer. Dies kommt vor allem dadurch, dass der Abstoß sich während eines längeren Zeitraums abspielt als die Landung. Durch diesen längeren Zeitraum erhalten wir eine geringere Belastung (Belastung = Leistung / Zeit).

Deshalb ist die Verletzungsgefahr bei der Landung auch am größten. Dabei spielt der Faktor Höhe eine geringere Rolle als der Faktor

Geschwindigkeit. Die Geschwindigkeit, mit der der Sprung ausgeführt wird, birgt eine größere Gefahr der Überbelastung als die Höhe des Sprungs. Bei der Landung werden vor allem die Schulterpartie, Schulter- und Ellbogengelenke sowie die Vorderläufe belastet.

Wendungen

Wenn der Hund während der Landung auch noch die Richtung ändern soll, muss nicht nur die vertikale, sondern auch die horizontale Energie absorbiert werden. Bei einer normalen Landung wird ein Teil der absorbierten Energie wieder in Geschwindigkeit umgesetzt. Hierbei werden nämlich nur die vertikalen Kräfte absorbiert, die horizontalen Kräfte werden möglichst wirksam weiterverwendet. Bei einer unmittelbar folgenden Wendung ist der Hund nicht nur der Belastung durch die

Landung ausgesetzt, sondern gleichzeitig auch der Belastung durch das Bremsen. Dies führt zu einer größeren Belastung der Vorderläufe.

Bei einer normalen Landung kann die Belastung nur dann durch den Körper aufgefangen werden, wenn eine möglichst gute Koordination aller Bewegungen stattfindet. Wenn der Hund sich nun bei der Landung gleichzeitig drehen muss, dann wird die Koordination sehr wahrscheinlich nicht ganz korrekt stattfinden. Der kombinierte Bewegungsablauf wird dafür nämlich zu komplex. So kann es zum Beispiel vorkommen, dass die Beugung eines Ellbogens zu spät stattfinden, wodurch die Wahrscheinlichkeit einer Überbelastung dieses Gelenkes um einiges höher wird. Die größere Absorption der Energie und die komplexere Koordination erhöhen

also die Wahrscheinlichkeit einer Überbelastung bei Landungen in Kombination mit einer Wendung erheblich. Am gravierendsten ist dies bei unerfahrenen Hunden. Ein unerfahrener Hund muss nach der Landung auch noch die Wendung mit der Vorderhand ausführen. Bei erfahrenen Hunden zeigt die Vorderhand bereits in die richtige Richtung. Durch die Erfahrung kann der Hund die aufeinanderfolgenden Bewegungen dann besser koordinieren.

Während des Trainings sollte man die Wendungen für Anfängerhunde daher nicht so schwierig machen. Die erforderliche Koordination muss an die Möglichkeiten des Hundes angepasst werden. Wie problematisch diese Wendung ist, hängt zum einen vom Winkel ab, jedoch mehr noch vom Abstand des Landungspunktes zum nächsten Hindernis. Bei einem größeren Abstand hat der Hund mehr Zeit, sich auf das nächste Hindernis zu konzentrieren. Die erforderliche Koordination für die aufeinanderfolgenden Bewegungen bei der Landung ist dann um einiges einfacher.

Die Belastung durch die Wendungen nach dem Sprung kann nicht nur beim Training, sondern auch beim Aufbau des Parcours berücksichtigt werden. Die Richter können die Wendungen an das Niveau der Teilnehmer anpassen: In den unteren

Klassen werden keine scharfen Kurven in Kombination mit einer Landung angebracht. Je höher die Klasse ist, desto schwieriger lassen sich die Kurven in Kombination mit einer Landung nehmen. Der Hund kann durch seine Erfahrung mit der schwierigen Kombination aus Bewegungen bei einer Landung und der Kurve fertig werden. Dadurch führt die Belastung nicht zu einer Überbelastung.

Flaches Springen

Bei einer flacheren Sprungtechnik ist die waagerechte Fortbewegung relativ gesehen um einiges größer als die senkrechte Fortbewegung. Der Hund stößt sich weiter vor dem Sprung ab und landet weiter hinter dem Sprung. Dieses flache Springen wird verstärkt, indem man die Höhe der Sprünge im Verhältnis zu den Abständen zwischen den Hindernissen aufbaut. Ein großer Abstand (höhere Geschwindigkeit) wird in Kombination mit niedrigen Hindernissen ein flaches Springen verstärken.

Ein flacher Sprung führt zu einer größeren Gefahr einer Überbelastung. Hierbei werden der Rumpf und der Rücken bis kurz vor der Landung nämlich ziemlich waagerecht gehalten, wodurch ein höheres Risiko besteht, dass die Kraft des Stoßes mehr von den Gelenken aufgefangen wird als von den Muskeln. Durch die höhere Geschwindigkeit muss der Hund darüber hinaus auch noch

die kinetische Energie absorbieren. Bei einem steilen Sprung werden die Gelenke bei der Landung automatisch mehr gebeugt. Hierdurch wird der Stoß auf jeden Fall von den Muskeln aufgefangen. Bei einem flachen Sprung ist dies nicht immer der Fall, wodurch eine viel stärkere Belastung der Gelenke entstehen kann.

Zur Verringerung der Belastung müssen flache Sprünge möglichst abgebremst werden. Hierfür können eine Reihe von Maßnahmen getroffen werden:
• Den Abstand zwischen den Sprüngen verkleinern, um die Geschwindigkeit so zu vermindern.
• Die Höhe der Sprünge an den Abstand zwischen den Hürden anpassen. Die Sprünge dürfen jedoch nicht zu niedrig werden. Ein niedrigerer Sprung führt zu einer flachen Sprungtechnik und zu einer hohen Geschwindigkeit.

Eine geringere Geschwindigkeit führt zu einer geringeren kinetischen Energie, die der Hund bei jeder Landung absorbieren muss. Durch die dabei verwendete steilere Sprungtechnik kann der Hund die Belastung durch die Landung besser verteilen. Beim Aufbau des Parcours wird dies natürlich berücksichtigt werden. Das Vermeiden flacher Sprünge kann zum Teil durch die Richter bewerkstelligt werden. Sie können die Geschwindigkeit des Hundes reduzieren, indem Sie die Hindernisse kurz hintereinander

aufbauen und die Sprünge möglichst hoch machen. Dennoch wird dies in der Wettkampfverordnung der Féderation Cynologique Internationale (in der die international bindenden Regeln festgelegt sind) nicht ausreichend geregelt. Eine Höhe von 65 cm im Verhältnis zu einem Mindestabstand von fünf Metern führt bei vielen Hunden immer noch zu einer flachen Sprungtechnik. In der englischen Wettkampfverordnung ist dies besser geregelt. Der Mindestabstand von 3,6 Metern (4 Yards) im Verhältnis zu einer Höhe von 75 cm führt bei allen Hunden zu einer steilen Sprungtechnik.

Es ist jedoch nicht nur bei den Wettkämpfen von Bedeutung, die Gefahr der Überbelastung zu berücksichtigen. Beim Training ist das Risiko für den Hund oftmals noch viel höher. Bei einem Wettkampf absolviert der Hund (je nach Wettkampfkategorie und -klasse) innerhalb von maximal einer Minute zwischen 10 und 25 Hindernisse. An einem Tag läuft der Hund höchstens drei bis fünf Durchgänge. Beim Training jedoch läuft der Hund den Parcours oft eine Stunde an einem Stück. Die Elemente, die in einem Wettkampf verwendet werden, werden beim Training viel häufiger wiederholt.

Die Belastung und vor allem die Überbelastung tritt somit oftmals nicht bei einem Wettkampf auf, sondern beim Training. Die Hundeführer sollten hier also in **eigener Verantwortung** drauf achten!

Belastung: Kontaktzonenhindernisse
Im Gegensatz zu den Sprüngen muss der Hund über die Kontaktzonen laufen. Daher sollte man meinen, dass die Belastung hierbei um einiges geringer ist. Es scheint jedoch so zu sein, dass der Hund durch die momentan verwendeten Kontaktzonen einer unverhältnismäßig schweren Belastung ausgesetzt ist, die vor allem auf dem unteren Teil des Fußes lastet.

Aufstieg
Der Aufstieg eines Kontaktzonenhindernisses erfolgt oft bei vollster Geschwindigkeit im Galopp. Der erste Kontakt müsste demnach eine Landung aus einem normalen Galoppsprung heraus sein, doch während dieses Galoppsprungs findet eine Richtungsänderung statt: Der Hund wechselt von einer waagerechten Bewegung in eine Aufwärtsbewegung. Hierdurch wird diese Belastung während des Landens erhöht, vor allem beim Aufstieg der Schrägwand. Durch den Richtungswechsel und somit durch die höhere Belastung federn alle Hunde den Stoß im unteren Teil des Fußes ab. Bei einer völlig ebenen Oberfläche müsste die Belastung also im Grunde von den Fußballen der Zehen und dem Fußgelenk abgefangen werden. Doch die Oberfläche der Schrägwand und des Laufstegs ist leider nicht ganz eben, sie ist nämlich mit Leisten versehen.

Die Leisten können dazu führen, dass der untere Teil des Fußes bei einer Landung genau auf einer Leiste aufkommt. Wenn der Unterfuß dort die Leiste berührt, kann dies schwere Missbildungen der Zehen und Gelenke zur Folge haben. Die Überbelastung ist jedoch noch viel größer, wenn der Unterfuß zwischen den Fußballen die Leiste berührt. Die dort unter der Haut liegenden Strukturen (Sehnen, Sehnenscheiden, Mittel-

fußknochen) sind dann ohne jeglichen Schutz der enormen Belastung sowie der Missbildung ausgesetzt. Je dicker die Leiste ist, desto größer ist die Belastung.

Ansonsten ist auch noch eine Überbelastung der Vorderhand durch die starke Richtungsänderung beim Abstieg der Schrägwand möglich. Ein nicht so steiler Aufstieg oder ein stark federnder Aufstieg können zu einer Verminderung der Überbelastung führen.

Abstieg
Beim Abstieg wird der Hund völlig anderen Formen der Überbelastung ausgesetzt. Da der Hund die Kontaktzonen berühren muss, bremst er beim Abstieg des Laufstegs seine Geschwindigkeit ab. Beim Bremsen (wobei durch das Bremsen eine höhere Belastung entsteht) berührt der Hund mehrmals die Leisten, wodurch sie auch hier erneut ein Risikofaktor sind.

Beim nach unten laufenden Teil des Hindernisses muss der Hund sich selber zurückhalten, vor allem an der Schrägwand. Dies ist eigentlich auch der einzige Zweck der Leisten. Der Hund kann an der Schrägwand von Leiste zu Leiste reibungslos hinabsteigen. Früher gab es im Wettbewerb für kleinere Hunde auch Leisten auf der Aufstiegsseite, damit der Aufstieg zum Scheitelpunkt leichter zu bewältigen war. Durch die Änderung der Regeln (der Scheitelpunkt der Schrägwand ist für kleine Hunde nur noch 1,70 m und für große Hunde 1,90 m hoch, wodurch die Schrägwand nicht mehr so steil ist), ist dies nicht mehr der Fall.

Beim Abstieg der Schrägwand verlagert der Hund den größten Teil seines Gewichts auf die Vorderhand. Die Hinterhand wird zur Haltung des Gleichgewichts verwendet. Die meisten Kräfte werden somit auch von der Vorderhand abgefangen. Beim Abstieg kommt es oft vor, dass nur die Zehen der Vorderpfoten

die Schrägwand berühren. Wenn ein Hund von Leiste zu Leiste hinabsteigt, werden die Zehen durch die großen Kräfte, die hierbei auf sie einwirken, stark verformt. Dadurch kann es vor allem bei großen, schweren Hunden zu einer Überbelastung kommen.

Die Leisten sind bei den Kontaktzonenhindernisse der größte Risikofaktor für eine Überbelastung. Viele bei Agilityhunden auftretende Verletzungen lassen sich auf die Leisten an den Kontaktzonen zurückführen. Daher sollten die Leisten nach Meinung des Tierarztes Mouwen von den Kontaktzonenhindernisse entfernt werden müssen!

Slalom

Der Slalom ist beim Agility auf Spitzenniveau ein spektakulärer Teil des Parcours. Ein gut absolvierter, schwieriger Slalom wird nicht nur von Agilitykennern, sondern auch von Laien sehr bewundert.

Dennoch kann der Slalom aufgrund der hohen Geschwindigkeit zu einer enormen Belastung des Hundes führen. Dabei werden nämlich nicht nur die Bänder, Gelenke und Knochen stark belastet, sondern auch die Muskeln werden sehr stark beansprucht. Jeder Agilityteilnehmer weiß, dass sein Hund, wenn er ihn mehrmals durch den Slalom hat laufen lassen, sehr erschöpft ist. Der Slalom ist von der körperlichen Anstrengung her wahr-

scheinlich das schwierigste Hindernis beim Agility. Wenn der Hund sich dem Slalom nähert, muss er zunächst abbremsen, da er im Slalom eine viel geringere horizontale Geschwindigkeit hat als außerhalb des Slaloms. Beim Bremsen geht der Hund schon ein wenig in die Knie, um näher am Boden zu sein, wodurch er seine Beine weiter nach außen bringen kann. Dies ist notwendig, damit er sich möglichst effektiv durch den Slalom bewegen kann. Beim Einfädeln in den Slalom sehen wir, dass der Hund noch während des Bremsens im richtigen Moment eine abrupte Bewegung nach links macht. Bei dieser Seitwärtsbewegung ist oft die gleiche Motorik erkennbar wie bei der Vorwärtsbewegung. Aus dieser Seitwärtsbewegung heraus setzt die Vorwärtsbewegung ein. Für diese Vorwärtsbewegung erlernt der Hund eine eigene Bewegung, die er in einem bestimmten Rhythmus ausführt. Der Hund sucht dabei nach einem Bewegungsablauf, der für ihn am effektivsten ist: So schnell wie möglich durch den Slalom mit der geringsten körperlichen Anstrengung. Die geringste körperliche Anstrengung wird erreicht, wenn der Hund sein Körpergewicht möglichst wenig zur Seite zu verlagern braucht und sich möglichst wenig in die Kurven zu legen braucht.

Dies lässt sich dann gut erkennen, dass der Hund seine Beine (die relativ wenig Masse haben) so weit wie möglich nach außen bringt, damit sein Rumpf (der viel mehr Masse besitzt) möglichst dicht an den Slalomstangen bleibt. Hierdurch wird die Seitwärtsbewegung des Rumpfes minimiert.

In welchem Maß der Hund sich in die Kurven legen muss, hängt von seiner Körperlänge ab. Ein Hund mit einer relativ geringen Körperlänge braucht seinen Körper nur in eine Kurve gleichzeitig zu legen, um den Slalom zu durchlaufen. Dennoch führt dies zu einer enor-

men körperlichen Belastung. Der Hund muss seinen Körper bei jeder Stange in eine andere Richtung biegen. Der Hund muss beim Slalom also bremsen, sich in eine andere Richtung biegen und nach vorne preschen, während er sich auch noch in allerlei Kurven winden muss. Hierdurch wird beim Bremsen die Vorderhand belastet, der Rücken wird beim Ausführen der Kurven belastet und die Vorder- und Hinterhand beim Abstoßen. Die Vorderhand und der Rücken werden am stärksten belastet. Die Belastung beim Abstoßen ist im Vergleich zur Belastung beim Bremsen und beim

Laufen der Kurven eher gering. Wenn der Rumpf des Hundes (im Verhältnis zum Abstand zwischen den Stangen) zu lang ist, nimmt die Belastung des Hundes zu. An manchen Stellen muss der Rumpf um drei Stangen gleichzeitig herum bewegt werden, wodurch im Rumpf zwei entgegengesetzte Biegungen entstehen.

Da der Rücken zwei entgegengesetzte Kurven bewältigen muss, entstehen im Rücken S-Kurven. Darüber hinaus macht der Hund bei jeder Kurve auch noch eine Drehung um die Längsachse, damit er seine Beine nach außen bewegen kann. Hierdurch befindet die Hinterhand sich ständig in einer entgegengesetzten Bewegung

zur Vorderhand. Durch die Drehung des Rückens kann die Hinterhand außerdem nicht ausreichend nach außen bewegt werden und kann somit nur das Gewicht der Hinterhand tragen. Dies alles führt dazu, dass der Abstoß nur von der Vorderhand ausgeführt werden kann. Das Vorderbein muss also nicht nur bremsen und sich biegen, sondern auch den Körper nach vorne abstoßen. Die Gesamtbelastung ist für die einzelnen Vorderbeine somit viel größer als bei Hunden, die sich durch ihre geringere Körperlänge nur in eine Kurve zu legen brauchen. Aus diesen Gründen sollten wir versuchen, darauf zu achten, dass alle Hunde eine zweiseitige (mit zwei Vorderläufen) Bewegung ausführen.

Nun scheint es so, dass ein Hund, der in der Lage ist, eine zweiseitige Bewegung auszuführen, dies wahrscheinlich auch von alleine tun wird. Bei mehreren Hunden war zu sehen, dass sie bei einem größeren Abstand zwischen den Stangen von einer einseitigen (mit einem Vorderlauf) zu einer zweiseitigen Bewegung übergingen. Der Hund versucht den Slalom nämlich möglichst schnell und mit einem möglichst geringen Energieaufwand zu durchlaufen und bei einer zweiseitigen Bewegung muss er viel weniger Energie aufbringen. Eine Vergrößerung des Abstands zwischen den Stangen könnte daher für Hunde mit einem längeren Körper

eine Erleichterung bieten. Andererseits sehen wir bei kleinen Hunden (mit einem kurzen Körper), dass sie beim Slalom keinen Rhythmus finden können. Hierdurch ist der Slalom für sie nicht ein einziges Hindernis, sondern zwölf einzelne Hindernisse. Ein zu großer Abstand zwischen den Stangen ist für kleinere Hunde deshalb nicht ratsam. Aus diesem Grund wäre ein unterschiedlicher Abstand zwischen den Stangen pro Klasse die beste Lösung, um die Belastung der Hunde beim Slalom zu verringern. Zwar werden die Hunde momentan nach Widerristhöhe (und nicht nach Körperlänge) eingeteilt, doch bei den meisten Hunden ist das Verhältnis zwischen der Körperlänge und der Widerristehöhe relativ einheitlich. Für die Mehrzahl der Hunde dürfte dies also kein Problem sein.

Wie wichtig die Anpassung des Abstands zwischen den Slalomstangen ist, wird uns erst richtig bewusst, wenn wir uns vor Augen halten, dass die Mehrzahl der Hunde im Alter von fünf Jahren oder älter Spondylose [Arthrose (Verschleiß), mit Entzündungen an der Wirbelsäule] entwickeln. In diesen Fällen kommt es viel schneller zu einer Überbelastung des Rückens.

Internet

Im Internet gibt es eine enorme Anzahl von Websites und Homepages über Agility. Sites aus der ganzen Welt, darunter auch die Vereinigten Staaten und England. Es ist nicht schwer im Internet die entsprechenden Seiten zu finden. Bei einer Suchmaschine geben Sie einfach 'Agility' ein, und schon bekommen Sie eine Liste mit einer Anzahl an Sites von denen Sie dann entscheiden können welche Sie besuchen. Sie können auch nur nach deutschsprachigen Sites suchen. Die untenstehende Übersicht befasst sich mit einigen dieser Sites. Sie finden auf diesen Seiten viele interessante Links zu anderen Seiten mit Informationen oder News.

Viel Spass beim Surfen!

www.agility-ch.ch
Alles rund um den Hundesport Agility im deutschsprachigen Raum. Über 2.500 Parcourspläne, internationale Turnierkalender, Reglements, Vereins- und Richterlisten und Adressen für Agilitykurse.

www.agility-news.de
Hier finden Sie vieles über Agility. Jedoch wenig informatives Material. Ansonsten aber nett gemacht.

www.agility-online.com
Hier finden Sie allgemeine Informationen über Agility.

www.agilitytermine.de
Diese Homepage soll ein zentraler Punkt für, in erster Linie, deutsche Agilitytermine, Richterlisten, Wegbeschreibungen zu den Vereinen und später auch ein Mailingsystem werden.

www.agility-world.de
Die kleine Hundeschule möchte ein wenig die Grundlagen in der Hundeausbildung vermitteln und Tipps aus der Praxis geben. Dazu hat sie eine Schutzhundeseite und eine Agilityseite eingerichtet.

www.agility.at
Hier finden Sie Informationen zu Agility im Allgemeinen und zum Training.

www.dvg-luenen.de
Dies ist die Homepage des Deutschen Verbandes der Gebrauchshundsportvereine.

Hier finden Sie alles über Agility. Aber auch über andere Hundesportarten können Sie sich informieren. Verschiedene Seminare werden angeboten, es wird geschildert, wie man in den Besitz eines Hundeführerscheins kommt, und unter der Rubrik Aktuelles finden Sie Informationen zu verschiedenen Meisterschaften, die Ergebnisse der Agility Bundessiegerprüfung und Beschlüsse der verschiedenen Vereine. Alles, was aktuell bzw. neu ist, finden Sie hier.

www.dsv-dog.de
Auf der Webseite des Deutschen Sporthund-Verbandes stellt sich der Verein vor. Er macht Sie mit den Mitgliedsvereinen und den ver-

schiedenen angebotenen Sportmöglichkeiten bekannt. Darüber hinaus erfahren Sie, wo ein Verein in Ihrer Nähe zu finden ist. Für jeden Verein gibt es eine Erläuterung zu dem jeweiligen sportlichen Angebot und eine Kontaktadresse. Leider ist diese Seite nicht in allen Rubriken aktuell.

www.dhv-hundesport.de
Webseite des Deutschen Hundesportverband e.V. (DHV). Der dhv ist Dachverband der Gebrauchshundsportverbände in Deutschland.

Vereine

Deutscher Verband der Gebrauchshundsportvereine
Der DVG ist Ihr kompetenter Ansprechpartner in Sachen Hundeausbildung. Sie bieten neben den klassischen Hundesportarten wie Schutzhundsport, Fährtenausbildung und Grunderziehung auch Agility, Turnierhundsport und Obedience an. Der DVG ist in 11 Bundesländern auf über 800 Hundeplätzen vertreten. Der DVG ist Mitglied im Deutschen Hundesportverband (dhv), im Verband für das Deutsche Hundewesen (VDH) und der Fédération Cynologique Internationale (FCI) angeschlossen.

Gustav-Sybrecht-Str. 42
D - 44536 Lünen
Tel.: 02 31- 87 80 10
Fax: 02 31 – 8 78 01 22
info@dvg-luenen.de
www.dvg-luenen.de

Deutscher Sporthund Verband e.V.
Der Deutsche Sporthund Verband wurde 1958 gegründet. Der DSV hatte im Jubiläumsjahr ca. 2200 Mitglieder, die in 35 Vereinen aktiv mit dem Hund Hundesport betrieben oder den Verband und die Hundesportbewegung ideell unterstützten. Der Deutsche Sporthund Verband ist Mitglied im Deutschen Hundesportverband (dhv) und im Verband für das Deutsche Hundewesen (VDH).

Geschäftsführer
Dieter Schaumann
Maastrichter Str. 48
D - 41464 Neuss

**Deutscher Hundesportverband
e.V. (DHV)**
Der dhv ist Dachverband der
Gebrauchshundsportverbände in
Deutschland. Der dhv ist Mitglied
des „Verbandes für das Deutsche
Hundewesen" (VDH) und der
„Arbeitsgemeinschaft der
Rassezuchtvereine und
Gebrauchshundeverbände" (AZG)
.

Gustav-Sybrecht-Str.42
D - 44536 Lünen
Tel.: 02 31 - 8 78 01 14
Fax: 02 31 - 8 78 01 22
info@dvg-luenen.de
www.dhv-hundesport.de

Zum Weiterlesen

- Führmann, Petra und Nicole Hoefs: Erziehungsspiele für Hunde – mit Trainingskarten für draußen. Kosmos-Verlag, Stuttgart 2002.
- Harries, Brigitte: Hundesprache verstehen. Kosmos-Verlag, Stuttgart 1998.
- Hoefs, Nicole und Petra Führmann: Das Kosmos-Erziehungsprogramm für Hunde. Kosmos-Verlag, Stutt t 1999.
- Hoefs, Nicol , Petra Führmann und Perdita Lübbe-Scheuermann: Das Kosmos-Erziehungsprogramm für Hunde. Video. Kosmos-Verlag, Stuttgart 2001.
- Jones, Welpenschuleleicht gemacht. Kosmos-Verlag, Stuttgart 2002.
- Kejcz, Yvonne, Hundehaltung. Kosmos-Verlag, Stuttgart 2001.
- Krämer, Eva-Maria: Der neue Kosmos-Hunderführer. Mit allen 338 FCI-Rassen und 100 zusätzlichen Rassen. Kosmos-Verlag, Stuttgart 2002.
- Lausberg, Frank: Erste Hilfe für den Hund. Kosmos-Verlag, Stuttgart 1999.
- Nijboer, Jan: Hunde erziehen mit Natural Dogmanship®. Kosmos-Verlag, Stuttgart 2001.
- Pietralla, Martin: ClickerTraining für Hunde. Kosmos-Verlag, Stuttgart 2000.
- Pryor, Karen: Positiv bestärken, sanft erziehen. Kosmos-Verlag, Stuttgart 1999.
- Rustige, Dr. Barbara: Hundekrankheiten. Kosmos-Verlag, Stuttgart 1999.
- Schöning, Dr. Barbara: Hundeverhalten. Kosmos-Verlag, Stuttgart 2001.
- Tellington-Jones, Linda: Tellington-Training für Hunde. Kosmos-Verlag, Stuttgart 1999.
- Tellington-Jones, Linda: Tellington-Training für Hunde. Video. Kosmos-Verlag, Stuttgart 2001.
- Theby, Viviane: Hundeschule. Kosmos-Verlag, Stuttgart 2002.
- Toll, Claudia: Tierheimhund und Streuner. Kosmos-Verlag, Stuttgart 2002.
- Whitehead, Sarah: Das Hundebuch für Kids. So wird dein Hund dein bester Freund. Kosmos-Verlag, Stuttgart 2002.
- Winkler, Sabine: Hundeerziehung. Kosmos-Verlag, Stuttgart 2000.
- Winkler, Sabine: So lernt mein Hund. Kosmos-Verlag, Stuttgart 2001.